マネージャーの問題地図

「で、どこから変える？」
あれもこれもで、
てんやわんやな
現場のマネジメント

沢渡あまね

技術評論社

はじめに

〜「残業させるな」「予算目標は達成しろ」「部下のモチベーションも上げろ」〜
いったいどうすりゃイイんですか!?

いま、マネージャー（管理職）が重苦しい。働き方改革、生産性向上、社員満足向上、人材の獲得／定着……さまざまなマネジメントキーワードが踊る中、次から次に新たなミッションが降ってくる。

「昨年以上の成果を出せ」
「生産性を上げろ」「雑談力も上げろ」
「チームの一体感やモチベーション向上もマネージャーの責任だ」
「ただし予算は増やせない」「人も増やせない」
「残業はさせるな」

あれもこれも、部長や課長、あるいはグループリーダー（以下、すべてを総称して「マネージャー」と称します）に押し付けられる。仕方なしに、部下の仕事を肩代わりして深夜残業・持ち帰り残業・休日出勤の日々。そうすると、今度は部下たちはこんなヒソヒソ話を始めます。

「いやー、マネージャーなんて絶対なるもんじゃないよね……」

こんなことを続けていても、だれも幸せになりません。

- **マネージャー自身が疲弊する**
- **若手が成長しない**
- **マネージャー自身も成長しない**

そして

- **若手がマネージャーになりたがらない**

この悲しき景色、なぜ生まれてしまうのでしょうか？　それを考えるには「管理」というコトバの意味をひもといていく必要があります。

「管理」には3つある

ひとことで〝管理〟といっても、さまざまな意味があります。英語で考えたほうがわかりやすいかもしれません。日本語の「管理」。英語では、次の3つに分けられます。

- Management（やりくり）
- Control（統制）
- Administration（事務執行）

どうも日本でいうところの「管理職」や「マネジメント職」は、このすべてを1人の人に求めがち。そして、機能不全に陥りがち。この3つに求められる要件も違えば、遂行に必要なスキルもメンタリティも異なります。1人で全部できなければ、役割分担すればいいのです。

さらに、従来の日本型組織のマネジメントには2つの大きな弱点があります。

・前例踏襲型。過去の組織文化の中で成功してきた「スーパープレイヤー」「エース級」人材がマネジメント職に登用されてきた
・（その結果）マネージャー個人の成功体験や属人的なスキルとメンタリティだけでナントカしようとしてきた

これでは、組織運営が場当たり的、近視眼的になって当然。厳しいことをいえば、マネジメント職の役割、タスク、要件を未定義あるいはアップデートしないまま突っ走っている。これが日本の多くの組織の現状です。

これからのマネージャーにとって重要な5つのマネジメント

マネージャーとは、本来何をすべきなのでしょうか？　とりわけ、これからの時代のマネージャーにとって重要、かつ日本の組織に弱い5つのマネジメントを挙げます。

A　コミュニケーションマネジメント

➡上司と部下、メンバー同士、部署間、社外と社内など業務遂行に必要なコミュニケー

☑「管理」といっても、3つの意味がある

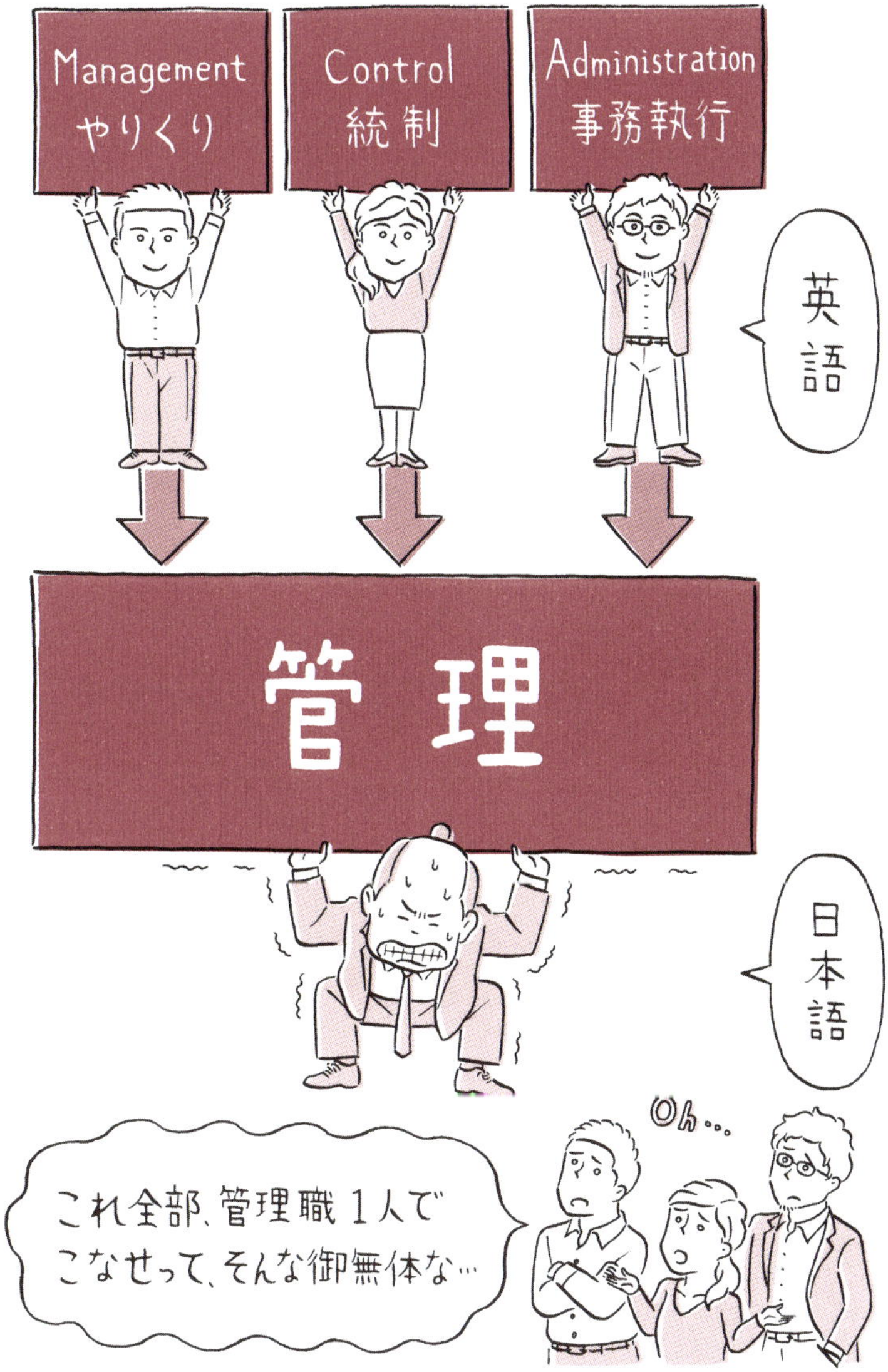

ションを定義し、設計して、発生させる。

B

リソースマネジメント

➡必要なヒト・モノ・カネ・情報・能力・機能を特定し、調達する。

C

オペレーションマネジメント

➡日々の業務が効率よく回る／問題やトラブルを迅速に解決できるようなプロセス／仕組みを整える。

D

キャリアマネジメント

➡組織と個人の成長に必要な要件（スキル、経験など）やストーリーを定義する。メンバーに機会（教育、経験の場）を提供する。

E

ブランドマネジメント

➡組織および担当業務の価値を高める。社内外からよりいい人材が集まるようにする。

☑ マネジメント職の役割、タスク、要件が未定義のまま突っ走っている

マネージャーに求められる9つの行動

そして、これらのマネジメントに求められる行動は次の9つです。

①ビジョニング A D E

➡「その組織（会社／部門／課／チーム）が目指す方向は？　何を大切とするか？」を示し、メンバーに方向づけできる。

「この組織でどんな仕事ができて、どんなスキルが身につくのか？」少し先の未来を示すことができる。

その組織〝らしさ〟を語ることができる。

〝らしさ〟を体現している人（ロールモデル）を承認する／正しく評価する。

②課題発見／課題設定 A C D

➡その組織が解決する問題を特定し、課題設定できる。

チームと個人が成長するためにチャレンジするテーマを設定できる。

メンバー全員の問題、課題に対する景色を合わせる。

③育成 B D E

⬇その組織のミッションを完遂するために／より高い価値を出すために必要なスキルを定義できる。

メンバーになにが足りていて／なにが足りていないかを可視化できる。

OJT／OFF - JTを計画し、実行・管理できる。

将来（個人と組織の成長）に対して投資する。

④意思決定 A B E

⬇迅速かつ適切に意思決定する。

自らが意思決定をする。または部下に権限委譲し、意思決定や優先度づけを支援する。

⑤情報共有／発信 A E

⬇その組織のビジョン、ミッション、方向性、意思決定に重要な情報などをメンバーに迅速に共有する。
検討状況や進捗状況を共有する。社内外の情報をメンバーに共有する。
自組織の〝らしさ〟や方向性、取り組みや成果を社内外に発信する。

⑥モチベート／風土醸成　ＡＤＥ

⬇メンバーをモチベートする。
メンバーが課題解決や組織の価値向上に向けてチャレンジする機会や大義名分を作る。

⑦調整／調達　ＢＣ

⬇組織のミッションを完遂するために、足りないリソースを明確にし、予算を確保して社内外から調達する。

メンバー同士の組み合わせにより／外の人の力を借りることで、ミッションを達成できる。

⑧生産性向上　ＡＢＣ

⬇個人個人の生産性が最も上がる環境を提供する。
成果の見えにくい仕事／すぐに結果の出ない仕事を評価する。

⑨プロセス作り A C

⬇メンバーが安定して成果を出せるためのプロセスを整備する／再構築する。

「え、これ全部やらなければならないんですか？　ますます気が遠くなりそうです……」

心配ご無用！　なにもあなたが全部やれとは言っていません。マネージャーが全部やらなくても結構。

ずばり言います。マネージャーのみなさん。あなた1人で抱え込んで悩むのそろそろやめましょう。あなたは社長でもなければ、個人事業主でもありません。チームを束ねる人です。であれば、チームでマネジメントできるようにすればいいのです。チームで解決しましょう。

マネジメント不全とおさらばするための、3つの割り切り

では、チームでマネジメントをうまく回せるようにするにはどうしたらいいか？　3つの割り切りをしましょう。

☑ これからのマネージャーに求められる5つのマネジメントと9つの行動

		5つのマネジメント				
		Ⓐ コミュニケーションマネジメント	Ⓑ リソースマネジメント	Ⓒ オペレーションマネジメント	Ⓓ キャリアマネジメント	Ⓔ ブランドマネジメント
9つの行動	① ビジョニング	○			○	○
	② 課題発見 課題設定	○		○	○	
	③ 育成		○		○	○
	④ 意思決定	○	○			○
	⑤ 情報共有 発信	○				○
	⑥ モチベート 風土醸成	○			○	○
	⑦ 調整・調達		○	○		
	⑧ 生産性向上	○	○	○		
	⑨ プロセス作り	○		○		

あなた1人で無理に
全部やろうとしなくてイイから!
チームで、外のチカラを頼って
解決すればOK!

①プレイングマネージャーは「仕方ない」

「マネジメントもせよ。しかし、メンバーの一員として成果も出せ」

いわゆるプレイングマネージャー。マネージャーはマネジメント業務に専念できるにこしたことはありませんが、そうはいっても人があてがわれるワケではない。予算も限りがある。

少子高齢化で労働力の確保が厳しい時代、プレイングマネージャーはある意味仕方がない事象といえるでしょう。多くの組織において、脱プレイングマネージャーは現実的ではありません。「必要なマネジメントができていない状態」問題はそこです。重要度高×緊急度低の仕事（改善、研究、学習など）がいつまでたっても手つかず。生産性もモチベーションも低いままの状態。

プレイングしながらマネジメントできるようにするためにはどうしたらいいか？
プレイしながらメンバーに「らしさ」を見せるには？
マネージャーとしての背中を見せるにはどうしたらいいか？

それを考えて実践したいものです。

②「マネージャーは何でもできなければならない」を捨てる

これがマネージャーを追い詰め、時に機能不全（さらにメンタルヘルス不全）に追いやる。そして、マネージャーになりたがる若手を減らす。

自分でなんでもできるようにならなくていい。部下や派遣社員に任せればいい。要は、リソースマネジメントしてナントカすればいいのです。

マネジメントに求められるテーマは、日々刻々変わります。最新のテクノロジーやトレンドに追いつくのは、シニアなマネージャーが無理してがんばったところで、若手の俊敏性にはかないません。だったら、若手に任せたほうが実践的かつスピード感がありますし、若手の育成にもなります。チーム内のリスペクト醸成にもなります。

③自分たちだけでやろうとしない

マネジメントの一部を外注してやってもらうのもありです。

「自分たちでできなければ、外の専門スキルを頼る」

これはきわめて健全な行動です。繰り返しになりますが、マネージャーに求められる役割は年々増えますし、高度化します。すべてを自分たちでやろうとしたらすぐさまブラック職場に。問題なのは、本来やらなければいけないマネジメントが手つかずのまま放置されている、由々しき状況です。それを放置するくらいなら、外の力を借りてでも前進しましょう。「外の力を借りる」これは、若手に対して

「あ、苦手なことは無理に自分たちだけでやろうとしなくてもいいんだ」
「会社のお金を使ってもいいんだ」

という心理的な安心感も醸成することができます。

この①②③はいずれも、〝開き直り〟といっても過言ではありません。このくらい割り切って考えなければ、いつまでたってもマネージャー依存のマネジメント不調の景色は変わらないのです。

繰り返します。1人のマネージャーが全部やろうとしなくていいのです。1人で悩まない。必要なマネジメントの全体像を把握し、足りていないものを明確にし、チームで解決する。外の力を借りながらこなれさせていけばいいのです。

この本は、マネージャーが1人で頭を抱えて疲弊する今日を、チームのみんなが笑顔で成長する明日に変えるための本です。成長する組織に向かって、いっしょにページをめくりましょう！

CONTENTS

2丁目 何でも自分でやってしまう

3丁目 コミュニケーション不全

4丁目 モチベートできない・育成できない

5丁目 削減主義

6丁目 気合・根性・目先主義

7丁目 チャレンジしない

おわりに 能力と余力と協力を作る——それがマネージャーの仕事

マネージャーの問題地図

BUS

1丁目

モヤモヤ症候群

コミュニケーションマネジメント

ブランドマネジメント

行先

あれもこれもで、てんやわんやな現場のマネジメント

組織の最大の敵、それは「モヤモヤ」

「会社は『イノベーション』とか『チャレンジ』とか言うけれどさ。どんな行動がよしとされるのかわからないんだよね」

「資料作りの指示だけが降りてくる。だれのため、何のための資料かわからないと、作りようがナイんですけれど……」

「『キミに任せた！』……って言うわりに、仕事のやり方に口出しするのやめてもらえませんか？」

「課長、私に仕事を振ったままどこかへ行っちゃったよ。報告して帰りたいんだけれど、戻ってくるのかしら」

「うわぁ、英語のメールが届いた！　だれか英語が得意な人、チームにいそうな気もするけれど……うぅん。とりあえず自分でやるしかないのかな」

聞こえる、聞こえる！　あなたの部下の心のモヤモヤ、イライラの声が。

次のイラストをご覧ください。職場の「モヤモヤ」が、あなたの組織の生産性を下げ、さらにチームメンバーのモチベーションを下げている図です。

- ビジョンやポリシーが見えない
- 目的が見えない
- 優先度がわからない
- 役割や期待が見えない
- 上司の関わり方が不明
- 責任範囲があいまい
- 予定（仕事のスケジュール／上司のスケジュール）が見えない
- （その仕事を経験した末の）成長イメージが見えない
- だれが何が得意なのかが見えない
- 求められるスキルがわからない

いかがでしょう？　あなたの職場はこんな「モヤモヤ」にあふれていませんか？
「モヤモヤ」は、仕事のあらゆる場面で悪さをします。

「モヤモヤ」が生産性とモチベーションを下げる

・無駄な忖度
・無駄な先走り
・手戻り
・準備不足
・過剰サービス
・まちがった努力
・指示待ち
・やらされ感
・帰れない
・休めない
・不勉強

こんなキーワードにゾゾッとなったら要注意。職場妖怪「モヤモヤ」の仕業かもしれません。そして、放置しておくと、いつまでたってもあなたの組織の生産性もモチベーションも上がりません。妖怪を退治しなければ！　さっそく、地図をひもといてみましょう。

「目的を明確にする」それがマネジメントの第一歩！

見えないものを見えるようにする──それが、組織のマネジメントの第一歩です。特に、仕事の目的があいまいなのは致命的。チームメンバーは迷走します。その裏には、どんな事象があるのでしょうか？　掘り下げて考えてみましょう。

①仕事のゴールイメージを共有していない
②ビジョンやポリシーがない／知らない
③丸投げする
④朝令暮改
⑤情報を共有していない

①仕事のゴールイメージを共有していない

その仕事はだれのため？
だれが、どう使う？
成果物のイメージは？

資料や製品のような目に見えるものであれ、会議やイベント運営のような目に見えないものであれ、ゴールイメージがなければ、仕事の進め方も、必要なリソース（ヒト、モノ、カネ、情報）も、だれに何を相談したらいいかも、相手は想像できません。あるいは、すべてをゼロから考えさせることに。

②ビジョンやポリシーがない／知らない

「えっ、ビジョンなんて知らなくたって、仕事は回るでしょ」
「ポリシー？　そんなもの意識したことないし、なんとかなってる」

たしかに、目先の仕事をただやっつけるだけならそれでいいかもしれません。目先の仕事をやっつけるだけならば……。

☑「目的が見えない」がチームの不信感に！

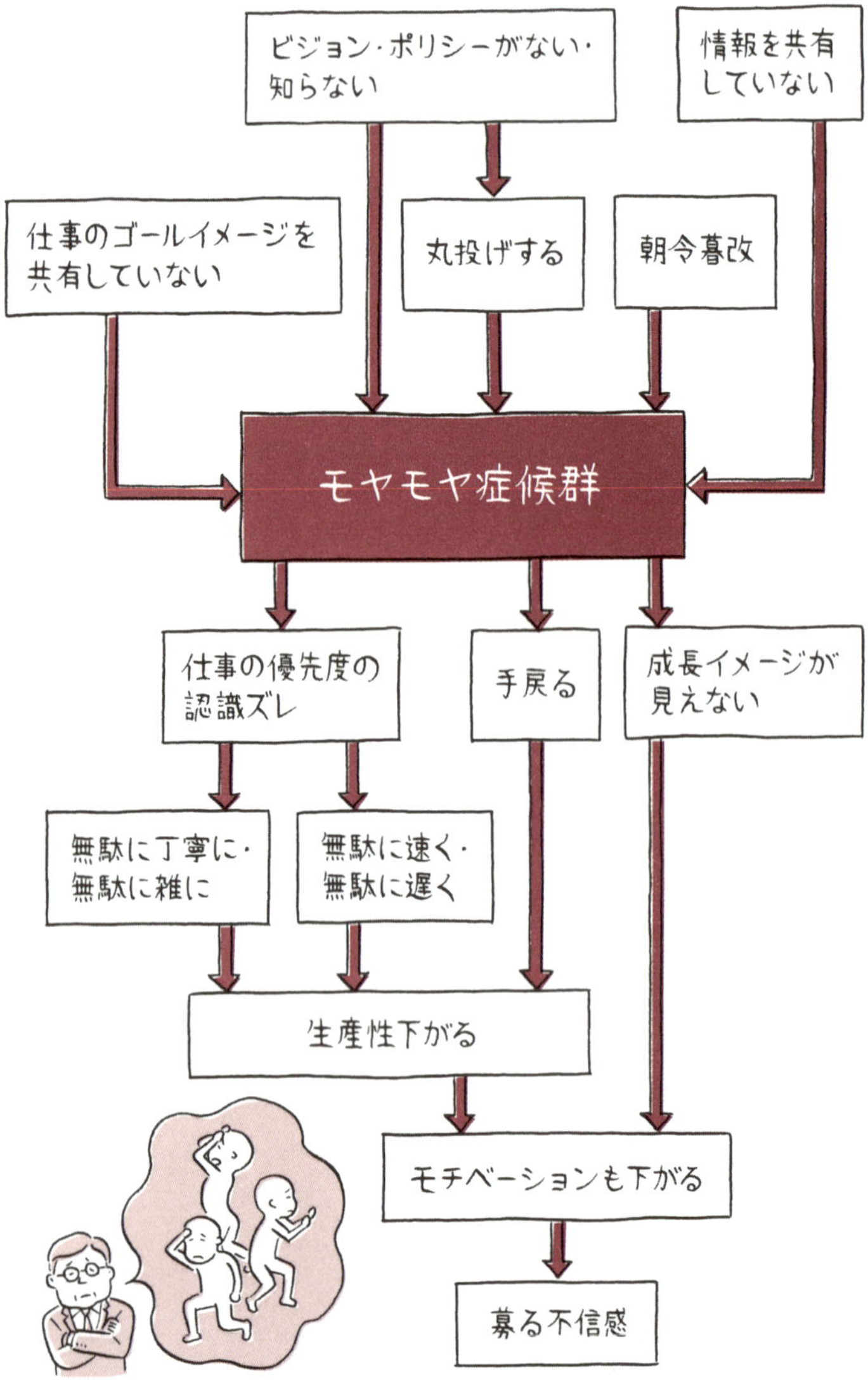

③丸投げする

上から降ってきた仕事を、そのまま部下に丸投げする。とりあえず、それでなんとかなるだろう。部下が出してきた成果を見て、よさそうならそのまま上司に提出。気に食わなかったら差し戻し。それがマネージャーの仕事。

……って、ちょっと待った！ あなたの裏で部下は、あたふたしているかもしれません。鬼のような形相であなたの背中を睨んでいるかもしれません。「権限委譲」と「丸投げ」は違います。ご注意を。

④朝令暮改

言うことがコロコロ変わる。

方針が一貫していない。

それでは、部下は目的を見失いますよね。あるいは、「どうせ変わるから」と話半分にしかあなたの言うことを聞かなくなり、仕事の着手スピードや初速が遅くなります。

⑤情報を共有していない

とはいえ、言うことをコロコロ変えざるをえない場合もあります。

・方針が変わった
・経営やお客さんの言うことが変わった
・環境が変わった

他責要因により、変更が不可避のケースもあるでしょう。しかし、変わったことを部下に知らせていない。ううん、残念……。

いわば、いつも出たとこ勝負の仕事の繰り返し。監督やコーチが選手に何も示さず、事前ミーティングもブリーフィングもなく、選手はいきなり試合に出される。ええと、この試合、どうやって戦ったらいいのでしょう?　まるで勝てる気がしない……

不安が不満を生み、不信に変わる

人は情報を与えられないと不安になり、それが不満に変わります。やがて、その不満は不信感に姿を変えます。目的が示されないチームは、どのようなプロセスを経て不信感を募らせるのでしょうか？

①仕事の優先度の認識ズレ

初期症状がこれ。上司と部下、チームメンバー同士、仕事の優先度に対する意識のズレが生じます。

・上司が重要だと思っていた仕事、部下は単なる突発のやっつけ仕事だとしか思っていない
・資料の原案、手書きでさっさと書いてほしかったのに、部下はパワーポイントで時間をかけて丁寧に仕上げてもってきた
・明日やればいい仕事なのに、今日中に終えようと、遅くまでがんばっている
・上司は、この仕事を通じて部下に新しい技術にチャレンジしてほしいと思っていた。しかし、部下はいままでのやり方でササッと片づけてしまった

②手戻る

目的意識の不在やズレは、往々にして手戻りを生みます。


「え、この資料、社外に出す資料だったんですか？　社内用語で書いちゃいました」

「なんですと⁉　この仕事、1回きりじゃなくて、今後も発生するんですか？（だったら手順書を作りながらやったのに）」

「え、これ社長もご覧になられるんですか⁉」

「このパンフレット、モノクロ印刷で配布するものだとわかっていたら、印刷した時に潰れない色で作ったのに……」


はい、手戻り発生！　残業発生！

③生産性が下がる

こんなすれ違いや回り道を繰り返していて、生産性が上がるわけがありません。

④成長イメージが見えない

目的が見えない景色は、目先の仕事の生産性を下げるばかりでなく、部下の成長も阻害します。毎回、細切れ、ブツ切りで目的も全体像も見せずに作業だけを振る。丸投げする。

「自分には何が求められているのか?」
「どんな心構えでこの仕事と向き合ったらいいのか?」
「この仕事を通じてどう成長するのか?」

大げさにいえば、未来が見えなくなります。それでは、受身になってしまって当然。

⑤モチベーションも下がる

目的を示してもらえない。情報を与えてもらえない。部下は「自分が信頼されてない」「大事に思われていない」と感じるように。手戻りだらけ、言った言わないだらけの職場では、愛着を感じなくなります。仕事に対する誇りもなくなります。自分が成長できない組織では、やっぱりやらされ感しかもてません。だって、人間だもの。

いかがでしょう。チームを育てているつもりが、放置しすぎで、むしろ不信感がすくすくと育っている。で、どこから変える!?

意識合わせより「景色合わせ」

「意識合わせより、まず景色合わせをしてください」

これ、最近私がマネージャー向けの講演やワークショップで必ずお伝えしているメッセージです。「意識を合わせろ」と言われても、何を合わせたらいいのか思考停止しがち。人によって意識のポイントは異なります。お互い、点しか見えていなくて、面が見えないことも。それよりも、上司と部下、チームメンバー同士それぞれが「どんな景色を見ているのか?」「どこがズレているのか?」「見落としはないか?」を合わせるようにしましょう。で、どうすればいいか?

まず、新たな仕事を部下に依頼するとき（あるいはすでに走っている仕事を見直すと

☑ 仕事の5つの要素

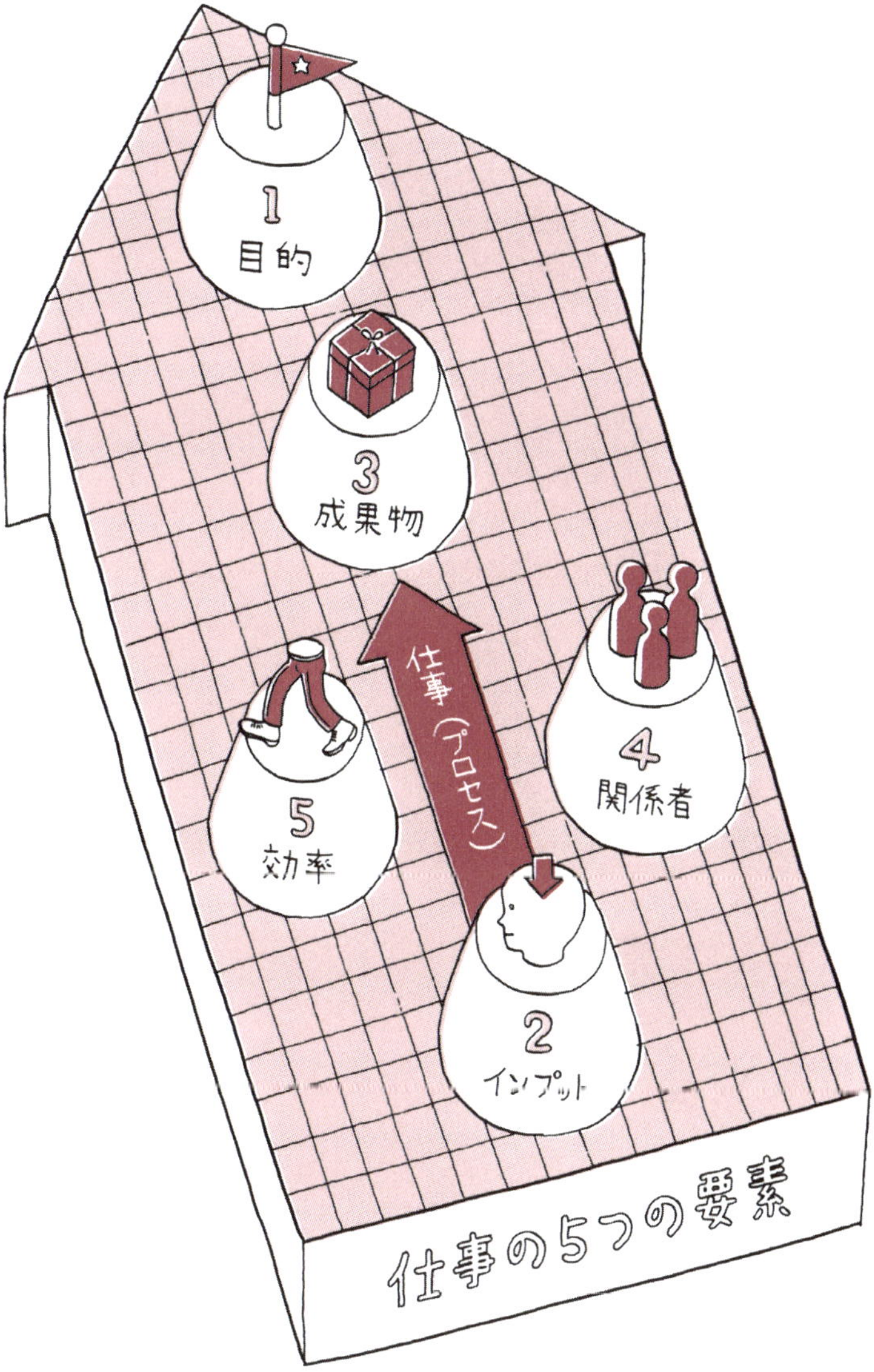

き）、次の5つの要素に分解してみましょう。それにより、お互いが見ている景色を合わせることができます。本書のシリーズ『職場の問題地図』『職場の問題かるた』でしつこく出てきた図ですが、大事なので、何度でも登場させます。

①目的

その仕事は何のために、だれのためにおこなうのか？

②インプット

その仕事を進め、成果物を生むためにどんな情報・材料・ツール・スキルなどが必要か？

③成果物

生み出すべき完成物あるいは完了状態は？　期限は？　提出先は？

④関係者

巻き込むべき関係者・協力者は？　インプットはだれ（どこ）から入手すべき？　成果物はだれのため？

⑤効率

その仕事のスピードは？　生産量は？　コストは？　人員は？　歩留まり（不良率）は？

ホワイトボードや大きめの紙などに書くと効果的です。口頭では「同時に」「全体を」俯瞰できませんから。

仕事を依頼するとき、見直すとき、この5つを必ず書き出しましょう。そうすれば、目的の伝達を忘れることはありません。書きながら、お互いの見えているポイントや抜けているポイントを理解しあうことができます。これが、「景色合わせ」です。

そうはいっても、あなた自身が仕事の目的を把握していない場合もあるでしょう。まったく新しい仕事をあなたの上司から振られた場合。あなた自身が上司から仕事を丸投げされた場合など。その時は、この絵を描きながら、部下といっしょに目的を想定しましょう。「いっしょに悩んで、いっしょに知恵を出し合う」その瞬間、あなたと部下の関係は、上司／部下からパートナーの関係になります。部下の目線を上げるとともに、上司と部下の一体感醸成にも貢献します。

5つの要素の書き出しを習慣化すると、そのうち部下が自ら5つの要素を意識するようになります（組織文化はこうやって醸成されます）。あなたから仕事を受ける際、あるいはだれかに仕事を依頼する際、5つの要素で説明するように。すなわち、日々の業務を通じた部下の育成にもなるのです。

ちなみに、相手は部下だけとは限りません。上長でも、他部署の人でも、取引先でも同じ。積極的に景色合わせをしようとする、その姿勢が手戻りの抑止になり、相手との信頼関係構築につながります。

上位ビジョンやポリシーを理解する

あなたは会社のビジョンやミッション、あるいは経営方針を知っていますか？　部門のポリシーは？

マニュアル化された単純作業をこなすだけなら、ビジョンもポリシーも意識する必要はないかもしれません。しかし、新サービスの開発のようなクリエイティブな仕事だったらどうでしょう？

・自分たちはどんなターゲットを重視するのか【例】ＢｔｏＣを狙うのか、ＢｔｏＢを狙うのか
・何を訴求するのか【例】価格訴求なのか、品質訴求なのか、スピード訴求なのか
・どのようにＰＲするのか【例】アナログ媒体重視なのか、デジタル媒体重視なのか、口コミを狙うのか

……など、会社としてのビジョンや部門のポリシーがわからないと迷走します。

ビジョンやポリシーの不在は、最近はやり（？）の、働き方改革の取り組みにも影響します。職場単位で、仕事の「ムリ」「ムダ」を洗い出そうとする。ところが、そもそも何が「ムダ」なのか？　何を効率化の対象とするのか？　そこで思考停止する人たちが多い。それもそのはず。自社にとって、自部署にとって、さらには自分たちにとって、「何を大切にすべきか？」逆に「何は軽視していいか？」の判断基準がないからです（エンジニア主体の職場なのか、事務職主体の職場なのかによっても、価値基準は変わってきます）。

ビジョンやポリシーは、組織の判断基準であり、価値基準です。まずはあなたが理解し、自分なりに語れるようにしましょう。

チームのビジョンやポリシーをメンバーに示す

「会社や部門のビジョンが美辞麗句すぎて、地に足がついている感じがしない（現実感がない）」
「会社のポリシーを理解したところで、自部署の業務に当てはまらない」
「そもそも、当社にはビジョンもポリシーもない」

ぜひ、チームのビジョンやポリシーを作ってください（もちろん、作る主体はマネージャーであるあなたです）。なぜなら、実際に仕事をする最小の単位はチームだからです。

- このチームは何を大切とするのか？
- どんなふるまいをよしとするのか？
- 半年後、1年後、3年後、組織としてどういう姿になっていたいか？
- まわり（経営層、関連部署、お客様など）からどう見られるようになりたいか？
- このチームではどんな経験ができて、どんな知識やスキルが身につくのか？

・その結果、どんな人材に成長できるのか？

これがあるだけで、部下は

・何を目指すのか？
・日々の仕事において何を優先すべきか？
・何が削っていいムダで、何に力をかけるべきなのか？
・何を、どうがんばればいいのか？

を考えられるようになります。そして、自ら仕事の優先度を判断できるようになります。

ただ「優先度を考えて仕事をしろ」と騒いでいるだけでは、いつまでたっても優先度なんてつけられるようになりません。指針が必要なのです。

また、若手に「あなたは、どうなりたいの？」と問いかけている上司を見かけます。若手は困り顔。それもそのはず、

・このチームにはどんな仕事やチャンスがあるのか？

・何をすればいいのか？
・どんな知識やスキルが求められるのか？
・人材に対する期待は？

といったことがわからない状態で「どうなりたい」と聞かれてもイメージできません。チームのビジョンやポリシーを示す――それは、部下のキャリアデザインを支援する取り組みでもあるのです。

ビジョニングの場を設ける

会社の、部門の、あるいはチームのビジョンやポリシー。部下は知っていますか？年初に一度だけ、一方的に伝えただけで終わっていませんか？

どんなに立派なビジョンを掲げても、キレイなポリシーを作っても、それでは浸透しません。できれば半期に1回、あるいは年1回でもかまいません。ビジョンやポリシーを読み交わして、話し合う場を設けてください。

・会社や部門のビジョンを自分たちのチームに置き換えて考えると、どんな行動がよしとされるのだろう？
・チームのポリシーを自分の仕事に当てはめたら、日々の業務上の判断や行動がどう変わるか？
・いまのビジョンやポリシーに足りない部分、腑に落ちない部分はなにか？

ビジョンやポリシーは、あなたを含むチームメンバーが日々の仕事で活用できて、体現できてなんぼです。

オフサイトミーティングといって、会社を離れた貸し会議室や研修施設、リゾート施設や野外などでこのようなビジョニングをおこなう企業もあります。正社員だけでなく、派遣社員や外注さんも交えていっしょにやるのもありです。

私は、2014年からある企業の広報部門にコンサルタントとして参画しています。マネージャーは年度初めに、必ず社員と私を含む外注スタッフを集めて、会社の中長期の経営方針、ビジョン、さらには自チームの目指す方向を説明してくれます。秋にはオフサイトで業務合宿をおこない、業務のふりかえりと次年度の施策立案に向けたアイディア出しを実施。方向感がわかるだけで、社外の人間であっても日々の行動や提案の軸がブレなくなり、仕事がしやすくなります。また、情報をわけへだてなく共有してもらえることで、社外の協力者（派遣社員、委託先など）の帰属意識も向上。チームの一体感が生まれます。

ニュースレターをビジョン・ポリシー伝達手段として活用する

欧米の会社のトップは、社員にニュースレターをよく発信しています。月1回や週1回などの頻度で、社内報やイントラネットあるいはメールによって、ビジョンやポリシーを言葉で伝えているのです。トップ＝社長とは限りません。部課長が部内、課内にニュースレターを発信するケースはよくあります。私が過去に勤めていた会社（複数）でも、フランス人やイギリス人の部門長が、たびたび部下全員にニュースレターを出していました。

メッセージはおもに4つです。

- **部門のビジョンやポリシー、大切にすること**
- **部門目標に対する進捗（達成度合い）**

・各プロジェクトの進捗
・ビジョンやポリシーに沿って行動している人や取り組みの紹介と激励

ただ単にビジョンやポリシーを叫ぶのではなく、部門や業務単位に噛み砕いて、意味づけしている。かつ、それに沿って行動している人や取り組みを評価する。現場のマネージャーならではのビジョニングであり、組織ブランディングです。

また、マネージャーが各プロジェクトの進捗を周知してくれることで、各々のプロジェクトが「一部の人だけががんばっている、よくわからない取り組み」になりにくくなります。うまくいっていないプロジェクト、難易度の高いプロジェクトメンバーに対し、

「大変だね！」
「このテーマなら、私じつは前職でやったことがあるからお手伝いします」

など、ほかのチームメンバーから声があがるシーンも。こうなってくると、メンバーは上司への進捗報告にメリットを感じるようになります。

仕事を振ったら、必ず情報を与える／アップデートする

人は、情報を与えられないと疎外感を感じる生き物です。相手に「やらされ感」「利用されている感」しかもたなくなり、「リスペクトされていない」「自分はこの組織に必要とされていない」とさえ思うように。方針の変更、前提条件の変化、優先度の変更……仕事を任せたら、最新の情報をできる限り速やかに伝えてください。「即時」が鉄則です！

え、そもそも自分が忙しくてなかなか席にいないから、即時共有はムリですって⁉ ならば、メールやチャットなどを使ってはいかがですか？ この機会に、Ｓｌａｃｋなどのチャットをチーム内のコミュニケーションツールとして導入して使ってみるのもいいかもしれません。情報共有が本当に容易かつ迅速になりますよ。よくわからなければ、若手に聞いてみてください。それもコミュニケーションです。

仕事を進めるうえで参考になる関連情報（ニュース、トレンド、技術情報、関連組織の人事情報など）も、積極的に入手して共有してください。「インプットを与える」それもマネージャーの仕事です。

☑ 目的が見えない、わからない

※『職場の問題かるた』より

「部下のモチベーションが低い」
「やらされ感が蔓延している」
「生産性が上がらない」

それ、「モヤモヤ」が原因かもしれませんよ。そして、その「モヤモヤ」はあなたが作ってしまっているかもしれません！

COLUMN

課長の景色、部下の景色

「マネージャーが見てる景色と、部下が見てる景色は違う」その違いに気づかず、課長がよかれと思ってやっていた行動が、じつは部下の生産性やモチベーションを下げていた――そんなことはめずらしくありません。

ある国内大手製造業でのエピソードを1つ。とある地方事業所の総務課。その課は残業時間の削減が課題でした。仕事のやり方を見直したところ、課長から部下への情報共有の仕方に問題があることがわかりました。課長のAさんは、部下に仕事を依頼する際、本人だけに最低限の情報しか与えていなかったそうです。それをよかれと思ってやっていた。ところが、これが非効率の元凶だった。じつは、部下のBさん、Cさん、Dさん、Eさんの仕事が、どこかでつながっていたのです。Aさんは、それを知らなかった。Bさんに仕事を振る時に、CさんDさんEさんにも同じ情報を共有していれば、全員待つことなく同時に仕事を走らせることができたのです。

「どうして私には情報を与えてくれないのかしら……」

（その仕事、私も関係あるのに。最初に共有してくれれば、待ちの残業がなくなるのに）

部下は、そんなフラストレーションも抱えていたといいます。課長のいない裏で、部下同士、こっそり情報を共有して連携することも。

「いままでよかれと思っていて、自分が必要な情報を判断して、自分が必要だと思った人だけに共有していた。それがマネージャーの仕事だと思っていたんです。それがよくなかったんですね（苦笑）」

以来、Aさんは全員に公平に情報を伝えるようにしました。すると、部下同士の連携もよくなり、残業も減ったそうです。

チームの情報共有のやり方、もう一度見直してみませんか？

マネージャーの問題地図

BUS

2丁目

何でも自分でやってしまう

コミュニケーションマネジメント

リソースマネジメント

行先

あれもこれもで、てんやわんやな現場のマネジメント

次のダイアローグを見てください。2人の課長が登場します。
あなたはこんなふるまいしていませんか？

【1人目】

――ウチの担当にもようやく新入社員が入ってきた。人事部から優秀な人材だと聞いている。成長が楽しみだ。さっそく、お手並み拝見といくか。

課　長「ちょっといい、資料を1つ作ってほしいんだけれど……かくかくしかじか」
新入社員「はい！　がんばります！」

～2時間後～

課　長「まだできないの？　これくらい、ちゃちゃっとやってもらわないと困るんだけれど。僕だったら1時間で終わらせられるけどな……」
新入社員「すみません。データを探すのに手間どっていまして……」
課　長「ああ、もういいよ。僕がやるから。そのファイル、僕に送って！」

新入社員「……は、はい（この2時間はいったい何だったんだ）」

【2人目】

――ふう。やっと部課長会議が終わって席に戻れた。ああ、決裁待ちの稟議書が机の上にたんまり。次の会議のアジェンダも作らないといけないし、そして、先月の予算の実績を経理に報告しなければ。下期の部門のキックオフイベントの会場手配もしないと。そうだ、夕方から中途入社の候補者の一次面接があったな。参ったな、こりゃ……。

部下A「課長すみません。ちょっとご相談がありまして……」
課　長「ごめん、忙しいから後にして」
部下A「あ……は、はい。失礼しました……」
部下B「あ、課長。やっと戻られたのですね。例のプロジェクトの進め方を私なりに考えたのですが、アドバイスをいただきたくて……」
課　長「悪い。全部任せた！」
部下B「……」

部下C「あの、課長。何か私にお手伝いできることがあればふってくだされば……」

課　長「ないよ！　……おっと、もうこんな時間だ。会議に行ってくる！」

部下ABC「（いったい、課長は何がそんなに忙しいんだろう……モヤモヤ）」

何でもかんでもマネージャーが抱えてしまう背景5つ

この状況、だれも幸せにしません。マネージャーのあなたも部下も成長しなければ、組織の成長も阻害する。ではいったいどうしたらいい？

……と、その前に、なぜこんなことになってしまうのか考えてみましょう。大きく5つあります。

①現場を離れるのが寂しい
②自分のこだわりを捨てられない

③部下を信頼していない
④仕事の範囲や権限があいまい
⑤自分の仕事が整理できていない

①現場を離れるのが寂しい

プレイヤー気質の強い人に見られる行動パターン。その仕事が好きであればあるほど、自分でやりたくなる。こんな楽しい仕事、ほかの人に渡せるものですか！　いつまでもスターでいたい、マウンドに立っていたい（ベテランの技術者やトップ営業に目立つ傾向です）。

それ自体、悪いことではありません。自分の仕事に誇りを持てる。最高です。しかし、マネージャーとしてほかにすべきことがあるのでは？　未来のためにやらなければいけないことは何でしょう？

マネージャーの「仕事抱えこみすぎ！」が生む罪な景色

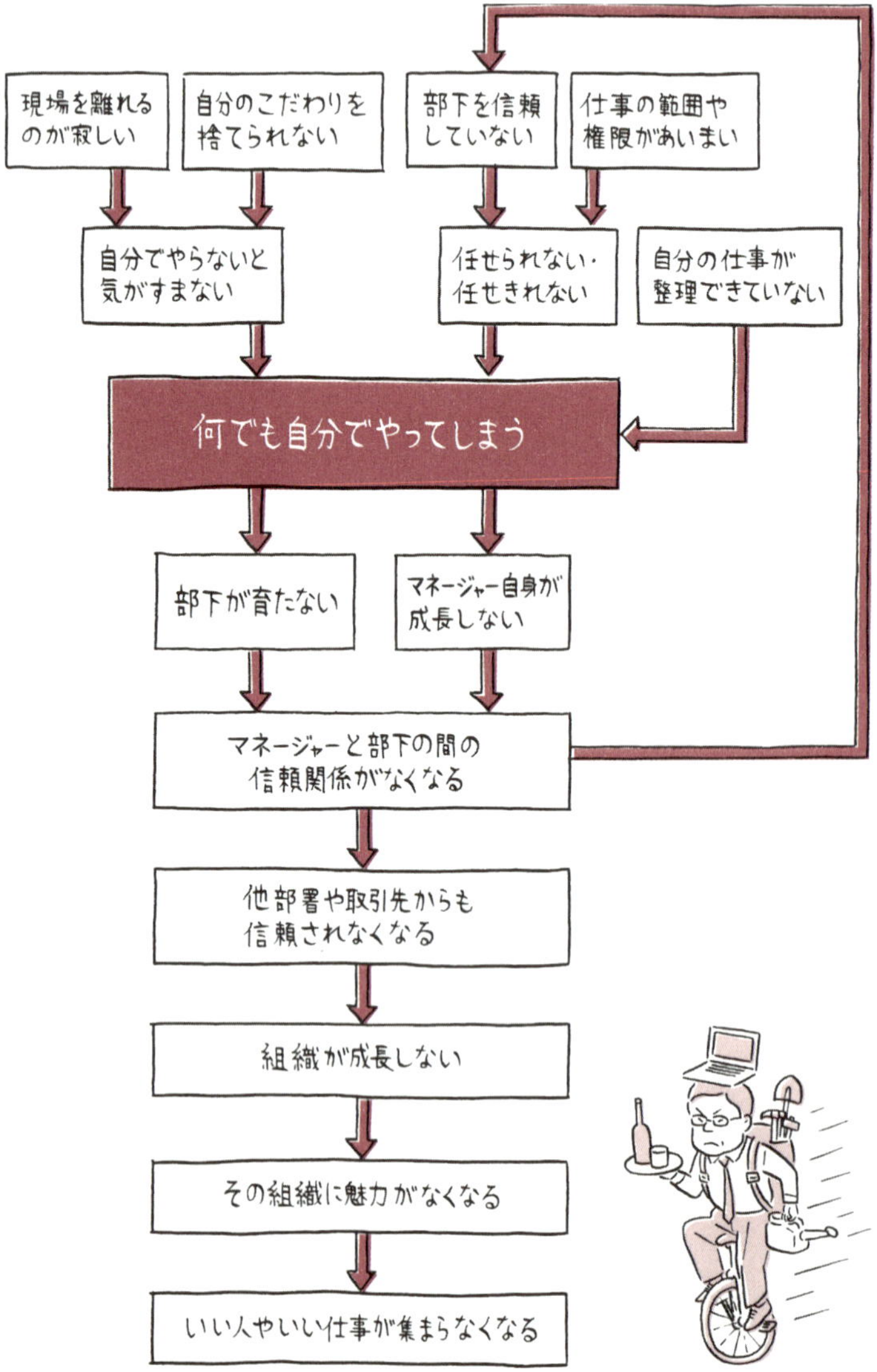

②自分のこだわりを捨てられない

一応、部下に仕事を振る。しかし、やり方が気に食わなくて横槍入れたり、頼まれもしないのに口を挟んだり、アドバイスのつもりが「べき論」を押し付けてしまったり。しまいには部下の仕事を横取りしてしまう。

③部下を信頼していない

はなから部下を信頼していない。だから、ついつい細かく口を出してしまう。仕事のやり方、ペース、スピード、品質、自分のそれとは違う。それが許せない。自分の思いどおりに動いてくれないと気がすまない。で、自分でやってしまう。

④仕事の範囲や権限があいまい

1丁目とも関連する問題。どこまで部下がやって、どこまでマネージャーがやるか？範囲や役割、権限があいまい。でもって、ついついマネージャーのあなたがやりすぎてしまう。

⑤自分の仕事が整理できていない

そもそも、マネージャーのあなたは今どんな仕事を持っているのか？　マネージャーとしてすべきタスクはなにか？

それが整理できていない。自分でも説明できない。説明できないから、とりあえず抱え込むしかない。あるいは、飛び込んできた仕事をとにかく片っ端から片づけようとする。呼ばれた会議はすべて出る。部下から見れば、なにがそんなに忙しいのかわからない。あなたが、どんな会議に呼ばれていて、どこにいるのかすらわからない。まるで、「城のどこかで駆けずり回っている、1人パニックの殿様」の如し。それでは、部下はあなたを助けようがありません。

マネージャーの仕事抱え込みは、組織も個人も幸せにしない

断言します。部長や課長が何でもやってしまう職場は、組織も、そこで働く個人（部下、

マネージャーのあなた自身、他部署や取引先）も幸せにしません。あなたの趣味やこだわり、あるいはプレイヤーとしての責任感により、仕事を抱え込んでしまう。ほかの人に任せようとしない。自分の思いどおりにやらせようとする。

その結果、部下が育たない。
その結果、マネージャー自身が成長しない。
その結果、マネージャーと部下の間の信頼関係がなくなる。
その結果、他部署や取引先からも信頼されなくなる。
その結果、組織が成長しない。
その結果、その組織に魅力がなくなる。
その結果、いい人やいい仕事が集まらなくなる。

こんな負の連鎖を生みます。

部下は仕事をやりきる経験をしなければ、成長できません。また、何でもかんでも自分でやってしまっていたら、マネージャーのあなたも成長しません。いつまでたってもスーパープレイヤーのまま。マネージャーとして本来すべきタスクも手つかず。その状態が続くと、マネージャーと部下の間の信頼関係もなくなっていきます。当然です、仕事を任せてくれない上司を、自分を信じてくれない上司を、自分の意のままに染めようとしかしない上司を、だれが信頼できるでしょうか？　また、常にてんやわんやなあなたを見て、部下たちは陰でこう呟きます。

「マネージャーなんて、絶対なりたくない！」

部外にも悪影響を及ぼします。あなたがいなくなったら仕事が回らない。あなたがいないと、だれも、何も判断できない。それでは、仕事をともにする他部署や取引先の人も不安に思って当然。あなたがいるうちはまだいい。あなたが倒れたり、異動したら、その仕事はどうなるのか？　リスク臭しかしません。

部下が成長できない、マネージャーも成長できない。部外者も協力的でない——そんな組織に、魅力のかけらもありません。魅力のない組織に、意欲ある優秀な人材は集まらないし、いい仕事はできません。残念な組織、一丁上がり！

この状況、そのままにしていたら、明るい未来はない。そこにあるのは、マネージャーがあたふたしている今日の延長の明日だけ。さあ、風穴を開けていきましょうか。

まずは、マネージャーの仕事のたな卸しを！

とにもかくにも、マネージャーのあなたの仕事を1回たな卸ししましょう。テキストメモでも、Ｅｘｃｅｌの表でも、ホワイトボードの手書きの板書でも結構。その際、次の2つを書き出してみましょう。

①いま持っているタスク
②マネージャーとして本来すべきタスク

①は洗い出しやすいかもしれません。

・部課長会議への参加（マネージャーとしての定常業務）
・部下の勤怠の計画と実績の承認（マネージャーとしての定常業務）
・来年度の予算案の策定（マネージャーとしての定常業務）
・役員からの突発オーダーへの対応（マネージャーとしての非定常業務）

・部門紹介Ｗｅｂサイトの組織図の更新（プレイヤーとしての定常業務）
・自分だけが持っているプロジェクト案件の資料作成（プレイヤーとしての非定常業務）

マネージャーとしての仕事、プレイヤーとしての仕事、定常業務に非定常業務。たまたまいま持っている突発業務も含めて、現在のタスクを箇条書きにします。

組織の明日を考えるうえでやってほしいのが②。

本来、マネージャーとしてすべきタスクは？

業務の生産性向上、部下の育成、組織の成長などのためにマネージャーとして取り組むべき課題は？

やろうと思っていてできていない仕事、いままで考えもしなかったけれどもマネージャーとしてやったほうがいい仕事——それらを洗い出します。

えっ、「そもそもマネージャーとしてすべきタスクが思いつかない」ですって!?　はじめに（14ページ）で示した図をご覧ください。念のため、再掲します。

これからのマネージャーに求められる5つのマネジメントと9つの行動（再掲）

9つの行動	5つのマネジメント Ⓐコミュニケーションマネジメント	Ⓑリソースマネジメント	Ⓒオペレーションマネジメント	Ⓓキャリアマネジメント	Ⓔブランドマネジメント
①ビジョニング	○			○	○
②課題発見 課題設定	○		○	○	
③育成		○		○	○
④意思決定	○	○			○
⑤情報共有 発信	○				○
⑥モチベート 風土醸成	○			○	○
⑦調整・調達		○	○		
⑧生産性向上	○	○	○		
⑨プロセス作り	○		○		

あなた1人で無理に
全部やろうとしなくてイイから!
チームで、外のチカラを頼って
解決すればOK!

手っ取り早くこの図を見て、いまのあなたができていない仕事、あなたの組織に足りないマネジメントをピックアップしてみましょう。あるいは、他部署やほかの企業のマネージャーと交流して話し合ってみてください。他を知るのも、足りていないものを知る近道です。

「できていないことを可視化する」

それだけでも、大きな前進です！

マネージャーとしての仕事を部下に任せてみる

①のたな卸しが完了したら、こんな自問自答をしてみてください。

「この仕事、マネージャーの私がやるべき仕事かしら？」
「だれかに任せられないか？」
「だれかに任せたほうが効率がよくないか？」

箇条書きにした仕事に対して、1行1行、向き合い方をラベリングしていきます。

向き合い方（ラベリング）の例

- 自分でやる
- だれかに任せる
- やらない（捨てる）

いままでマネージャーがあたりまえにやっていた仕事、この際部下に任せてみるのもありです。

「部の月次定例会の司会進行。別に課長の僕がやらなくてもいいよね。ファシリテーション能力の育成もかねて、主任の佐々木さんにやってもらおう」

「次年度の予算案の作成。今年から課長代理に任せてみよう（私はレビュアーとしてふるまう）。この機会に、管理会計の視点をもってもらいたいし」

マネージャーの仕事を部下に任せる。それ自体が立派な後任育成です。少しずつ、マネージャーとしての仕事を任せていかないと、部下の視点はいつまでたっても高くなりません。ただ単に「プレイヤーとして優秀だから」という理由でマネージャーに登用されてしまったら、マネージャーになってから苦労します。

また、重要な仕事を任せることは、信頼の裏返しです。部下は「自分が信頼されている」「期待されている」と思うようになるでしょう。すなわち、上司と部下の信頼関係の構築にもつながります（もちろん、人によっては重荷に感じてしまうため、ケアが必要です）。たな卸ししたリストを部下に見せるだけでも、景色が変わるかもしれません。

「課長、こういうタスクを持っていたんですね」

「なるほど。これからマネジメント強化のために、こういうことに取り組もうとされているのですね」

部下のモヤモヤが晴れることでしょう。その結果、

「その仕事、課長の仕事じゃないですよ。僕がやりますよ」

「そのテーマなら、くわしい知り合いがいますよ、私」

こんな提案が出てきたら、しめたもの。メンバーの主体性やチームの一体感醸成にも寄与します。

いい事例を1つ。私が昨年訪問した、福島県のベンチャー企業。その会社の社長は「社長がやりたいことリスト」を壁に貼って公開しています。社員（含むアルバイト）は「やってみたい」と思った仕事があれば、手を挙げてチャレンジすることができます。部下は自分の関心や特技を生かした、いつもとは違う仕事を経験することができます。これも、人材育成につながりますね。モヤモヤを減らして、組織の生産性とモチベーションを上げていきましょう。

マネジメントを外注するのもあり

そうはいっても、内製ですべてナントカするのは非現実的。いまできていなくて、本来マネジメントとしてやるべき仕事はなおのこと。「できていない」とは、裏を返せば、「マネージャーの時間が足りない」あるいは「マネージャーもチームメンバーもそのスキルがない」ということです。

無理して自分たちだけでやろうとするの、やめましょう。マネージャーとて、スーパーマンではありません。得手、不得手があります（だって、人間だもの）。

・技術が認められてマネージャーに昇進したA課長。コミュニケーションはちょっと苦手かもしれませんね。A課長に、「課内のコミュニケーション活性をしろ」というのは酷かもしれません。

・営業畑この道20年のB課長。いままで気合と根性と野生の勘でナントカしてきた。B課長に、業務改善のミッションを課したところで、うまくいかない可能性が高い。なにより、本人もツラい。

マネジメントの一部を外注してはいかがでしょう？　ＩＴ活用、グローバル化、ダイバーシティ……組織の課題が複雑化する昨今、自分たちですべてをカバーするにも限界があります。自社にない経験やスキルを活用しなければ解決できない課題もあるでしょう。であれば、その道のプロを起用したほうがいい。

私も、とある企業の一部署のマネジメントを代行しています。本来マネジメントとしてやるべき仕事で、課長の手が回らない仕事、不得手な仕事を私が補っているのです。各チームの問題の特定と合意形成、アクション案の策定、進捗管理、問題管理、業務の再設計、リーダー（課長代理と主任層）同士のナレッジマネジメントの旗振り、リーダーのメンター役など、課長2人では手が回らず、かつ足りない部分を私がカバーしています。リーダーが、課長に面と向かっては言えない本音を私に打ち明けてくれることもありま す。上司には言いにくいこともあるのです（だって、人間だもの）。

「部下が私に本音を言ってくれない。私はマネージャーとして失格なんでしょうか……」

こう頭を抱える部課長がいます。心配ご無用。部下は、上司に本音を言わない生き物。外に本音を言える人がいるのならば、それでいいじゃないですか。年頃の娘は父親に本音は語りません。でも、母親には話す。その場合、父親は母親から娘の気持ちを聞いて対処すればいいのです。あなたのチームの母親役は、外部の人であってもいい。このように、第三者がマネジメントに参画するメリットは、単にプロとしてのスキルや知見を借りられるだけにとどまりません。

また、マネージャーのあなたが積極的に外のリソースを活用することで、

「外を頼ってもいいんだ」

そんな安心感が生まれます。これが部下の視野を広げ、仕事の可能性を広げます。これからの時代、外とのコラボレーションなしには仕事はできません。いまのうちから、外のリソースを活用する仕事の仕方に慣れておきましょう。

マネージャーとしてすべき仕事。「あなたがやらない（できない）」ことが問題なのではありません。「組織としてできていない」ことこそが問題なのです。

仕事を任せるために心がけたい5つのこと

部下に任せた仕事は、任せきる。余計な口出しをしない。もどかしくても見守る。それが部下の主体性と仕事に対する当事者意識の向上につながります。口を出したくても、じっと我慢する——それがマネージャーの役割であり、度量です。ただし、丸投げは禁物！　最低限、次のことを心がけておいてください。

①最低限のコミュニケーションルールは合意しておく

・報連相をしてもらうタイミングやルール

【例】毎週金曜日の10時から30分は進捗確認の時間にする

・マイルストーン

【例】資料のラフ案（手書きのドラフト）を2日後の朝に課長に見せる

この程度の最低限のコミュニケーションルールは合意し、必要に応じたアドバイスや手助けはできるようにしましょう。

②ティーチングとコーチングを使い分ける

ティーチングとコーチング。この2つの言葉を聞いたことがあるでしょうか？　いずれも人材育成のアプローチです。

ティーチングとは文字どおり教えること。仕事の進め方や勘所などを細かに指示する。主体はあなたです。それに対し、コーチングの主体は相手。あなたが一方的に指示をするのではなく、相手に寄り添い、質問などにより相手の悩みや課題を引き出して言語化をサポートし、行動や意志決定を支援者として後押しするやり方です（いわば、あなたはコーチとしてふるまう）。いずれも良し悪しがあります。

・ルーチン業務など型が決まっている仕事、まずは型どおりでもいいから経験してもらいたい仕事、あるいは取り急ぎ成果を出してもらいたい仕事

⬇ティーチング

・部下の自主性を重んじ、試行錯誤を通じて仕事の組み立て方や勘所を身につけてほしい場合

⬇コーチング

このように使い分けができるとベストです。

コーチングの専門書籍や研修はたくさん提供されています。興味のある方は調べてみてください。

③あなたの役割を明確にする

部下に任せた仕事に対する、あなたの関わり方を最初に明言しましょう。それがモヤモヤしていると、部下はあなたがどう絡んでくるのか／あなたをどう使っていいのかがわからず、不安になります。

「この件は、僕は最終判断しかしないから。でも、困ったらアドバイスはするから聞きに来て」

「やり方はあなたに任せるから、自分で考えて提案してちょうだい。ただし、部長への説明は私がします」

「他部署との調整は私がやるからね」

「このプロジェクトの主体はあなたです。この仕事を通じて、プロジェクトを1人で仕切る体験をしてほしいんだ。ただし、社外の人に悪い影響が出そうだと僕が思ったときだけは口出しします」

このグラウンドルールがあるだけで、部下は自分の権限の範囲や期待がわかり、仕事がしやすくなります。信頼感も生まれるでしょう。

④使えるリソースを明確にする

リソース＝ヒト、モノ、カネ、情報。何を使っていいのかも、できれば明確に示してあげましょう（もちろん、それを部下に考えて提案させるために、あえて上司が自ら言わないのもアリです）。

「君1人でやれとは言ってないぞ」
「派遣さんといっしょにやってみたら？」
「予算あるから、外注してもいいぞ」

このひとことがあるだけで、部下は安心します。また、リソースマネジメントの発想が身につき、経験もできます。

⑤緊急時は強力な統制を利かせてマネージャーが牽引する

部下の主体性を引き出すには、マネージャーが事細かに指示せずに部下に寄り添い、任せるのが大事。ただし、例外ケースが１つあります。緊急時です。

・人命にかかわるような危険行動をとりそう
・機密情報が外に漏れそう
・大規模なシステムトラブルを引き起こしそう

そんな時は、強制してでも止めなくてはなりません。マネージャーのあなたが率先して統制してください（ただし、なぜあなたが介入したのか、後で必ず説明しましょう）。

また、「それが緊急事態」であることを示すのも大事。さもないと、あなただけあたふたしていて、まわりはのほほんとしている状態になります。声をあげる、表情を変える、どんなやり方でもかまいません。ちなみに、旅客機の客室乗務員は、緊急事態が発生すると「これより客室乗務員は保安要員に変わります」とアナウンスし、声のトーンを低くして機内のムードを緊迫させます。それにより、乗客はみな、客室乗務員の指示に従うようになるそうです。

マネージャーは「ピンチヒッター要員」にすぎないと心得る

自分が手を下さずとも、日常の業務はメンバーが動いてくれれば回る。部課長は、マネジメント業務に徹する。ただし、部下が休んだときには代わりにフォローできるよう、最低限の進捗は把握しておく。部下がどんな仕事を抱えているのか知っておく――それができれば、部下も安心して休めますし、無駄にがんばりすぎずにすみます。やがて、それがマネージャーへのリスペクトと、組織への愛着に変わることでしょう。「マネージャーは部下のピンチヒッター」そう心得てください。

自分自身が育つつもりと、メンバーを育てるつもりのないマネージャーは失格

まずは、部課長のタスクを書き出す。部課長の仕事を定義する。とにかく、そこからはじめてください。部課長の仕事がブラックボックスでは、チーム内の協力関係も信頼関係も生まれません。効果的な育成もできません。モヤモヤをなくしていきましょう！

マネージャーの問題地図

BUS

3丁目

コミュニケーション不全

コミュニケーション
マネジメント

行先
あれもこれもで、てんやわんやな現場のマネジメント

「当社は、社内コミュニケーションに問題がある」「情報共有が課題だ」

私が全国の企業、自治体、官公庁で生産性向上の講演やワークショップをしていて、必ずといっていいほど耳にする毎度おなじみフレーズです。「コミュニケーション」「情報共有」は日本の経営者やマネージャーの共通の関心ごとであり、問題意識であるようです。

コミュニケーション不全は万病の元

たしかに、「風邪は万病の元」といわれるが如く、コミュニケーション不全は企業の万病の元です。

生産性が下がる

目的が見えなくて右往左往、空振り、手戻りだらけ。

必要な報告がなされない。
だれにも相談できない。改善提案もできない。
困っていてもだれも助けてくれない。

生産性が上がるわけがありません。

ナレッジがたまらない

ちょっとした雑談や気づきの共有が、仕事を進めるうえでのヒントになったり、いまの困りごとを解決したり、次に同じ失敗をしないための知恵を生むことはよくあります。しかし、その余地がない。個人の問題意識や気づきは、いつまでたってもその人の心のなかで「モヤモヤ」したまま。でもって、そのうち忘れてしまう。

モチベートできない・育成できない

生産性が低くて無駄な作業ばかり、切ない手戻りばかり。図体ばかり大きくて、ナレッジがない職場。ううん、残念ですね。健全な危機意識や、健全な成長欲求のある人ほど、モチベーションの巡航高度を、順調に下げ続けます。そして、後任の育成もできない。だって、ナレッジないんだもん！　そして、また新しく入ったメンバーもモチベーションの巡航高度を、順調に……（4丁目に続く）。

助け合えない

今日もチームのだれかが何かに困っている。1人で考え込んでいる様子だ。しかし、何に困っているかわからない。自分が助けになれるかどうかもわからない。だって、お互いのことよく知らないんだもん。助けたくても、助けようがない。

チャレンジしない

「新たなチャレンジをしろ！」

そう言われても、だれがなにやっているのかも、だれが何が得意なのかもわからないのに、チャレンジって言われても……（7丁目に続く）。

危機管理不全

コミュニケーションのない職場。コンプライアンス違反の発生リスクも高くなります。

「これおかしくないですか?」「ここが不安です」のようなアラートをあげにくい。

トラブルが起きてもギリギリまで報告せず、担当者が抱え込んでナントカしようとする。

悪い報告をしない。ハラスメントの事実が発覚しにくい。

仕事が属人化する。不正がおこなわれやすい環境を作る。


ひとたび大きなインシデントやコンプライアンス違反が発生すると、ルールが増えてがんじがらめになる。ますます、コミュニケーションしにくくなる。負のスパイラル!

「コミュニケーション」「情報共有」は2大思考停止ワード

率直に言います。「コミュニケーション」「情報共有」は、マネジメントの2大思考停止ワードです。みなさん問題だとおっしゃるわりに、「コミュニケーションが大事だ!」「情報共有だ!」と叫ぶだけ。それ以上、何もしようとしない。コミュニケーション不全の景色はいつまでたっても変わりません。こうして、相変わらずコミュニケーションの少ない、情報共有のされない明日がふたたび始まります。
コミュニケーションは、どのようなメカニズムで不全に陥るのでしょうか？
いくつかのカタマリに分けて見てみましょう。

①目的モヤモヤ

出ました、「モヤモヤ」！　職場妖怪モヤモヤは、ここでも大いに悪さをします。

- **そもそも、その仕事のゴールやイメージがわからない**
- **会社あるいは組織のビジョンやポリシーを知らない**

これが常態化すると……

- **そもそも、何を共有したらいいかわからない**

この状態に陥ります。

☑ コミュニケーションのない景色

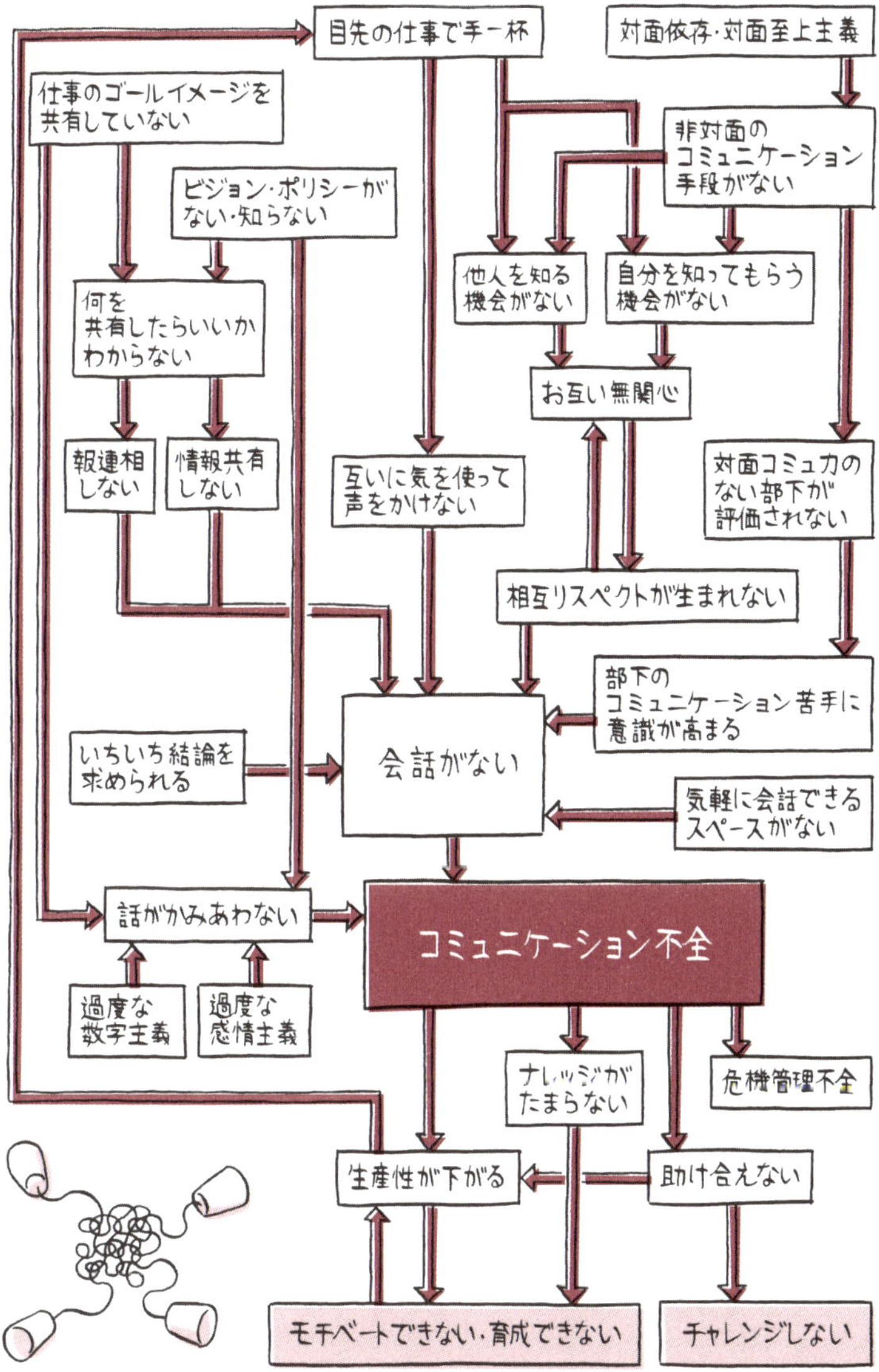

「情報共有しようって言われても……何が共有すべき情報で、何がそうでないのかわからないんですよ」

「報連相をしろ！　って上はおっしゃいますけれど、そもそもどのレベルの情報を報連相したらいいものか……」

部下はモヤモヤして思考停止。情報共有されない、報連相も起こらない。

都内のある中小企業の社長はこうおっしゃいました。

「社員数が30名を超えた頃からかな。お互いがお互い、何をやっているのかわからなくなりました。社員は事業や個々の仕事の目的が見えなくなり、おかしな方向に動き出す。だから、社長やマネージャーがビジョンやポリシーを伝える。社員同士、仕事の目的を確認しあう。これらを意識的におこなわないと、組織が空中分解します」

②目先の仕事で手一杯

課長も社員も派遣社員も。みんな、目先の仕事で大忙し。そこへ来て「残業削減」と圧力がかかる。とてもほかの人にかまっている余裕なんてない。部長はといえば、会議と出張のオンパレードで、自席にいたためしがない。なんていうか、スキがない。こうなると、気軽な相談も報告もはばかられる。雑談なんてもってのほか！「空気を読む」のがよしとされる日本人。お互い、気を使って声をかけなくなります。

会話が生まれないので、上司と部下、同僚同士、他人を知る機会がない。当然、自分自身のことを知ってもらうチャンスもなくなる。


「私、こんな知識を身につけました！」

「この技術を試してみたいです！」

「資格の学校に通いたいので、毎週木曜日は早く帰りたいです！」

「いま、家族の体調が悪くて……」

「この事務処理、こう変えたらもっとラクになりませんかね？」


知ってもらいたいこと、聞いてもらいたいことは山ほどあるのだけれども、心にモヤモヤを抱えたまま。やがて、お互いがお互い無関心に。相互リスペクトの生まれない職場、できあがり！

③対面依存／対面至上主義

「言いたいことがあるなら、会議の場で堂々と言え！」
「メール？　いやいや、上司への相談はきちんと対面ですべきだよ」

勇気をもって会議で発言した部下、あるいは上司のあなたをつかまえて相談を持ちかけた部下。ところが、上司のあなたはこう言い放つ。

「キミは何を言っているのかわからない。もっとハッキリ話してくれないと！（イライラ）」

こうして、対面コミュニケーションの苦手な部下はコミュニケーションそのものに苦手意識を持ち、ますますコミュニケーションしなくなる。

会議の場ではなかなか発言しにくいさ　人間だもの

対面で話すのが苦手な人もいるさ　人間だもの

何が何でも対面の会話にこだわる。対面依存。対面至上主義。もちろん、膝を突き合わせた対話はコミュニケーションの質と信頼関係を深めるうえで有効です。しかし、対面にこだわりすぎるのは、今のご時勢いかがなものか……。

ズバズバとモノの言える勇者しかコミュニケーションしない職場、できあがり！

④いちいち結論を求められる

「で、なにが言いたいの？」
「オチは？」

ちょっと気になったことを伝えたかっただけなのに、あなたと仲よくなりたくて雑談したかっただけなのに、いちいち結論やオチを求められる。ううん、重たいし面倒くさいですね。人は、面倒くさい相手とはわざわざコミュニケーションしたいとは思いません。だって、人間だもの。

⑤過度な数字主義／過度な感情主義

「で、どれくらいの効果があるの？」
「何件あるの？」

なんでもかんでも数字の裏づけを求められる。よっぽど偉い人への提案や報告ならさておき、部課チーム単位の上司部下との会話でそれはいかがなものか……。数字のない情報を共有しにくくなります。

その逆に、数字で報告しても、感情論だけで相手を言いくるめようとする。
ううん、見事にかみ合わない！

⑥気軽に話ができない職場環境

職場の物理的な空間やレイアウトも、コミュニケーションのしやすさを左右します。

- 固定の執務デスクオンリー
- 堅苦しい雰囲気の会議室しかない（その会議室もつねに使用中）

それでは、相談も雑談もしにくくなって当然。（ふたたび）人前でズバズバとモノの言える勇者しかコミュニケーションしない職場、できあがり！

コミュニケーションは設計8割、スキル2割

日本の組織はどうも、「コミュニケーション」なる枕詞に対し、「スキル」という受け言葉でナントカしようとする風潮が強いようです。すなわち、コミュニケーションを積極的にしようとする人、プレゼンテーションなどの対面コミュニケーションスキルが高い人材を育てようとする。あるいは、ズバズバとコミュニケーションをする勇者の登場を待ち望んでいる。しかし、人によってはなかなかスキルが上達しない。コミュニケーションが得意な勇者もなかなか現れない。かくして、「勇者待ち」で思考停止している残念な職場があちこちで「モヤモヤ」しているのです。

もちろん、スキルでナントカするのも大事です。しかし、スキル依存は脆弱性も伴います。

・そのスキルを全員が身につけられるとは限らない
・属人化する

人には得意／不得意があります。コミュニケーションもしかり。どんなにがんばって育成しようとしても、うまくいかないケースもあるでしょう。コストと時間の無駄。さらに、本人にとっても苦痛でしかありません。

また、スキルは属人化します。対面コミュニケーション能力の高いリーダーが抜けた瞬間、チームの戦力ががた落ちした営業部隊を私は知っています。

コミュニケーションの問題を、スキルだけで解決しようとするのはやめましょう。

コミュニケーションは設計8割、スキル2割

コミュニケーションが発生しやすい場やきっかけをどう作るか？
コミュニケーションが苦手な人でも、報連相や情報共有をしやすい環境とは？

コミュニケーションデザインに目を向けましょう。では、コミュニケーションデザインとは具体的に何をすればいいのでしょうか？

「情報共有」よりも「情報発信」、その指針を示す

「『情報共有』ではなく『情報発信』を」

この発想の転換で、もの言わぬ部下が情報共有をするようになった会社があります。「情報共有しよう」というと、漠然としていて思考停止しがちです。一方で「情報発信をしよう」ならば、何をするかが少し具体的になります。その際、どんな情報を発信したらいいのか？　指針を示しましょう。

①具体的なテーマ、大切にしていることを示す

「他部署からのクレームをゼロにしたい」
「電話対応を削減したい」
「ＩｏＴに関するどんな情報でもかまわないので、知ったら教えてほしい」

この程度のテーマ設定でもかまいません。その時点において必要な情報の要件でもかまいません。「どんな情報を共有してほしいのか?」その指針を示してください。それにより、

「こんな情報を発信すればいいのか」
「これって、ウチのチームのナレッジになるんだ」

とメンバーは認識できるようになります。何事も、要件定義がキホンです!

②情報発信の手段や機会を示す／与える

とはいえ、人は忙しいとなかなか情報発信できないもの。

「気づきは、付箋に書いてこの掲示板に貼ってください」
「情報共有専用のメーリングリストを立てたから、そこに書き込んで」
「(どうせやっている) 週次のチームミーティングの最初の10分※を、業務改善ネタ共有の

枠にします」

「各自、気づいたタイミングでグループチャットに書き込みましょう」

このように、情報発信する手段や機会を明確に示します／設計します。また、この機会に非対面のコミュニケーション手段を使ってみるのも手です（あとで解説します）。

※最後ではなく、最初に設定するのがポイント。確実に話し合われるようにします。

マネージャーやリーダーが背中を見せるための7つのコツ

ポリシーと手段は決めた！　そうはいっても、大人しい日本人。まわりの目を気にして、なかなか情報発信しないかもしれません。マネージャーやリーダーが背中を見せましょう。まず、マネージャーやリーダーが率先して情報を発信するのです。

①なるべくレベルを上げない

あまりに完璧でキレイすぎる情報だと、ほかの人が情報発信するハードルが上がります。

「あ、こんな情報でもいいんだ」
「このレベルのネタでもいいのね」
「誤字脱字あってもええやん」

この安心感が、メンバーによる主体的かつ気軽な情報発信を後押しします。

②反応する、流さない

せっかくメンバーが発信してくれた情報、意見、提案。だれも反応しない、流される、挙句に否定される……では切ないです。メンバーは二度と情報発信しなくなるでしょう。なるべく反応してください。そして頭ごなしに否定しないでください。まずは「ありがとう」。その気持ちを忘れずに。どんな意見もいったん受け止める。それが、マネージャーの度量です。

さりとて、忙しくてすべての情報にすぐに反応するのも難しいもの。日を決めて（チームの定例会議など）まとめて話し合う。意見交換する。そのような運用でもいいでしょう。とにかく放置厳禁、否定厳禁！ この2つは徹底してください。

③情報はわけへだてなく公平に発信する

とりわけマネージャー／リーダーのあなたから部下に情報発信をする場合、できる限り全員に公平に共有しましょう。可能なら、派遣社員、外注スタッフなど社外のパートナーにも公平に。人は情報を与えられないと、疎外感や不公平感を持ちます。やがて、組織を信頼しなくなり、情報発信も報連相もしなくなります（だからといって、強制的に報連相させようとすると「やらされ感」とデモチベーションをさらに加速させるだけです）。1丁目のコラムを読み返してみてください。

「情報は、与えてくれる人にこそ、与えたくなる」

そういうものなのです。

④報連相、まずはマネージャーのあなたから

部下から報連相がない。ならば、あなたから報連相してみては？

「この前お願いした仕事、ちょっと状況が変わったから説明させて」
「いやー、部長から無茶ぶりされちゃってさ。ちょっと困っているんだけれど、相談に乗ってもらえる？」

人は、自分を信頼して情報を与えてくれる人、相談してくれる人に愛着を感じるもの。

あなたから歩み寄っていけば、やがて「この人になら話したい」「話を聞いてもらいたい」と思うようになるかもしれません。

⑤自己開示、まずはマネージャーのあなたから

メンバー同士、お互いが無関心。だが何をやっているかわからない。しかし、何が得意で、どうなりたいかも知らない。その空気、あなたが作ってしまっているかもしれません。まずはあなたから自己開示しましょう。

人は他人に興味がない生き物。だったら、自分を軸にすればいい。自分の得意技、過去のキャリア、興味あること、好きなこと、さりげなくでも情報発信しましょう。やがて、「この職場では、こういうことも話していいんだ」という安心感が生まれます。

「私、これが好き！」

そう言える、いや、気づいてさえいない人さえ案外多い印象です。

「なんとなく気になっていた」

「言われてみればおもしろそうかも」

というように、潜在意識で関心ありますレベルの人が自分の気持ちに気づいて、集まるようになると、何かが動き出すし、組織がおもしろくなります。自己開示は、他人の潜在意識の言語化の役割も果たすのです。

⑥いちいち「結論」「正論」「数字」を求めない

定量的な数字や根拠のない問題提起をすると怒る人がいます。結論のない相談をすると「で、結論は?」と迫る上司がいます。それを繰り返すと、どうなるでしょうか?

- **気軽な相談ができなくなる**
- **現場が問題提起をしたり、アラートをあげにくくなる**

定性的な話でもいったん受け止めて、「なるほど。じゃあ本当にそうか、これから測定してみようか? 想定してみようか?」という流れに持っていくほうが、部下は気づきや意見を発信しやすいですし、組織の問題を正しく問題化しやすくなります。

いちいち「結論」や「正論」を求められたり、すべての発言に「ソリューション」を求められると、息苦しくなって、やがてメンバーは発言しなくなります。

⑦お互いのコミュニケーション特性を見極める

私のクライアント先のマネージャーが、ユニークな表現で上司を分類しています。

「世の中には、エクセルGUYと、パワポGUYがいる。数字の説明を心地よく感じる人と、感情に訴える説明を心地よく感じる人」

なかなか言い得て妙ではないでしょうか？

自分や相手は、エクセルGUYかパワポGUYか？　チームメンバーや関係者のコミュニケーション特性を見極めて、相手の特性にあった人に説明してもらう。あるいは、エクセルGUYとパワポGUYを組み合わせて説明する。このような「組み合わせ技」も、チームメンバーの一体感とコミュニケーション能力向上に効果的（かつ現実的）です。

苦手なものは苦手。

得意なコミュニケーションスタイルを最大限に活かす。
それも、生産性とモチベーション両立のキモです。

非対面のコミュニケーション機会も設けよう

いつも同じ景色、同じやり方だとなかなかコミュニケーションは活発になりません。本音もいいにくい。そこで、景色に変化を与えてみましょう。

たとえば、グループウェア、チャット、ＳｌａｃｋなどＩＴを使った非対面のコミュニケーション手段も使ってみましょう。

え、やっぱり対面じゃないとイヤだ？　新しいのはなじまない？

そういう保守的なことを言っていたら、いつまでたっても部下も組織も、なによりあなた自身が成長しません！

ＩＴコミュニケーションツールには、対面の会話にはないさまざまなメリットがあります。以下、一例を解説します。

時間や場所にとらわれない

本人の発信しやすい／返しやすいタイミングで、チャチャッと情報発信できます。わざわざ相談するための場所を探す手間も省けますね。

・対面　＝時間指定、場所指定の同期コミュニケーション
・非対面＝時間と場所を選ばない、非同期のコミュニケーション（を可能に）

この特性を押さえましょう。

部下から上司への報連相も生まれやすくなります。一般的に、部下の「今いいですか？」に対して上司は「後にして」と断れますが、逆はなかなか難しい。上司／部下間に存在する不平等な関係性。ここに上司が気がついて工夫している職場は、報連相も活発です。

対面コミュニケーションが苦手な人が情報発信しやすくなる

対面はニガテでも、テキストだと論理的でわかりやすい文章を書ける人はいます。即答はニガテでも、少し時間をおけば言いたいことをわかりやすく言語化できる人もいます。

裏を返せば、対面の会話だけにこだわりすぎると、その人たちの気づきやノウハウを得られません。組織の機会損失です。コミュニケーション手段や接点にも多様性を！

公平である

対面の会話では、その場に居合わせた人しか情報を得ることができません。それに対し、ＩＴツールに発信された情報は残ります。すなわち、情報提供の公平性を担保できます。

ある企業では、社長への意見提案は必ずＳｌａｃｋで発信するようにしたそうです。

「社長がたまたま聞いた話だけを優先して判断したら不公平である」

そのような判断です。

同時のコミュニケーションも可能

チャットやＳｌａｃｋは非同期のコミュニケーションを可能にする一方で、離れた相手とのリアルタイムのコミュニケーションも可能にします。

「はあ、チャット？　Ｓｌａｃｋ？　メールがあるだろ。情報共有はメールを使えよ」

あの……メールを〝わざわざ〟打つ行為も、気軽な情報発信のハードルを上げるわけでございまして……。

メールの場合、コミュニケーションの流れはシリアル（連続）になります。Ａさんが送信して↓Ｂさんが受信して↓Ｂさんが返信して↓Ａさんが受信して……ここにあて先を調べたり、メール特有の挨拶文章を入れたり、都度待ち時間が発生します。チャットやＳｌａｃｋは同時にやりとりができるため、より気軽に情報発信や共有をしやすくします。

記録される

対面の会話は、わざわざ議事録をとらないと記録されません。これまた情報共有のハードルを高くする。記録されないと、せっかくのいい意見や提案もそのまま放置されてしまいがち。一方、ＩＴツールでのやりとりは記録されます。意見や提案を流さない。いい情報をナレッジとして蓄積する。堅苦しい会議の場では言いにくかった本音も、Ｓｌａｃｋだとまわりの目を気にせずに、メンバー同士、言いやすいこともあります。

「コミュニケーションは対面こそがすべて」

「飲み会をしよう。そうすれば、コミュニケーションがよくなる！」

それはあなたの価値観、あなたの心地よさでしかありません。古い常識を疑ってみる。常識をアップデートする。そうしないと、人も組織も成長しません。「健全な問題意識」「健全な成長欲求」のある社員を、あなたの気まぐれや価値観でデモチベーションさせる権利はありません！

コミュニケーション活性やムードメーキングは若手に任せる

「若手のコミュニケーションを活性化させたい」

「エンジニアのモチベーションを上げたい」

だったら、本人たち（若手、エンジニア）に任せてみてはいかがでしょうか？ 若手にとってやりやすいコミュニケーション方法を知っているのは若手です。エンジニアの心を最もよくわかっているのは、エンジニア本人です。無理して50代〜60代のおエライさんたちが議論したところで、あるいは事務職出身のマネージャーが考えたところで、その方策はハズす可能性大です。そして、ハズせばハズすほど、現場の熱量はどんどん冷めていきます。

「検討時間と予算を与えて、やりかたは本人たちに任せてみる」

それもコミュニケーション活性のポイントです。

遊びの要素も取り入れてみる

いつものオフィスや会議室で、堅苦しいスーツを着て議論していても、コミュニケーションは活性化しないかもしれません。新しいアイディアも斬新な改善案も出てこないかもしれません。

・たまにはカフェや野外で、普段着でワイガヤしてみる
・アイディア出し、意見出しに遊びの要素を取り入れてみる

こういった工夫も、コミュニケーションの空気を変える効果があります。

私は昨年、『職場の問題かるた』を上梓しました。文字どおり職場で遊べるかるたで、「あ」〜「ん」までの46のかるたの札には職場の問題あるある景色がシュールなイラストで描かれています。読みの音声ファイルは、プロの人気声優さんが担当。迫真の演技で読み札が再生されます。さまざまな企業や自治体で採用いただき、かるたを使ったアイスブレークや職場の「ムリ」「ムダ」「おかしい」の言える化・見える化に活用いただいています。絵と声と文章、さまざまな手段を使うことにより、

「あ、このシーン、うちの課でよく見かける」
「この声、私の気持ちを代弁している！」
「もしかしたら、部下はこんな気持ちで僕のこと見ているのかも!?」

など、職場の問題が言語化されます。また、遊びを取り入れることで、職位に関係なく、部長も課長も主任も一般社員も派遣社員も「これ、ウチの職場の問題！」「私、これおかしいって思っていました」と言いやすくなります。派遣社員が職場の問題を指摘して、改

善活動にドライブがかかった会社もあります。

コミュニケーション活性のポイントは「手を変え」「品を変え」「景色を変え」

人は本来、遊びが好きな生き物。だったら、仕事にも率先して取り入れてみましょう。それも立派なコミュニケーションデザインですぞ。

コミュニケーションは設計8割、スキル2割。部下のスキルアップだけでナントカしようとするのは、気合と根性でナントカしようとする日本の旧態組織構造にほかなりません。そして、それは残念ながら「マネジメントができている」とは言い難い時代になってきました。コミュニケーション不全。情報共有不足。それは、組織風土だといっても過言ではありません。だからこそ、単に個々人のスキルやメンタリティの問題でかんたんに解決できるものではないのです。コミュニケーション設計、すなわち場ときっかけ作りに目を向けましょう。

コミュニケーション活性のポイントは、「手を変え」「品を変え」「景色を変え」。業種や職種、風土や集まった人たちの世代や価値観で、何が適切かは異なります。正解のない世界だからこそ、いまのあなたの常識にとらわれず、さまざまなやり方を試してみましょう（ダイバーシティマネジメントとは、そのトライ＆エラーの取り組みにほかなりません）。

最後に1つ、とどめの辛辣な話をして締めます。人は興味のない相手、信頼していない相手と積極的に関わろうとはしません。

「会話がない」

「部下が本音を言わない」

「部下が意見や提案をしない」

「部下が報連相をしない」

それ、会社やあなたに対する「興味がありません」「信頼していません」という部下のメッセージかもしれませんよ……。

マネージャーの問題地図

BUS

4丁目

モチベートできない・育成できない

コミュニケーションマネジメント　キャリアマネジメント　ブランドマネジメント

行先

あれもこれもで、てんやわんやな現場のマネジメント

「中間層のモチベーションアップが課題」
「若手の会社や仕事に対する熱量が低い」
「後任が育っていない。人材育成が課題」

私が働き方改革のご支援をしていて、経営層や人事部門の担当者からよく聞くフレーズ。社員のモチベーション向上、人材育成。企業、自治体、官公庁問わず、日本の組織の大きな課題のようです。

以上は、主語である経営サイドのメッセージ。一方、目的語である中堅社員、若手社員はどう思っているのでしょうか?

中堅社員、若手社員はこう思っている!生の声を一挙公開

中堅社員や若手は、実際のところ、マネジメントに対してどう思っているのでしょう?職場ではみんななかなか本音を言ってくれないし、知る術がない。そこで、私が現場や勉強会での対話、Ｔｗｉｔｔｅｒを通じて聞いたリアルな声を紹介します。

「目先の仕事で手一杯で、疲弊している」

「経営層やマネージャーが考える施策が見事にハズしていて、かえってモチベーション下がる」

「上は『モチベーションを上げろ』と騒ぐが、騒いでいるだけで、何もしてくれない……」

「『モチベーションは自分で上げるものだ』と言われる」

「現状を良くしようとして、改善提案しても取り合ってもらえない。否定される。会社は『イノベーション』を掲げているのに……」

「担当者に権限を与えてほしい。現場の声を聞かず、上の想像で立てつける業務ほど、迷惑なものはない」

「上が決めない。仕事が先に進まないし、それでは自分が成長できない」

「上司が独善的すぎる。部下はあなたの手駒ですか？」

「ここでがんばっていても評価されないし、なんのスキルも身につかない」

「この仕事に未来を感じない」

「エンジニアなのに、パワポの説明資料作りばかりさせられて、エンジニアらしい仕事ができない」

「PCのスペックが低すぎて、仕事が捗らない。これじゃやる気出ません……」

「若手が少なく、近い世代のロールモデルがいない」

「女性社員は私1人だけ。相談相手がいなくてつらい」

「『習うより慣れろ』と言われるだけで、だれも何も教えてくれない」

「そもそも、何を勉強したらイイのかわからない」

「研修に参加したいが、会社がお金も時間も出してくれない」

「定時後に社外の勉強会に参加して自己研鑽したい。でも、残業だらけで定時にあがれない」

「社外の勉強会に参加しますと言うと、『はぁ?』って顔される。『そんなことより、会社の仕事を優先しろ』って圧力を感じる」

「そもそも、地方なので勉強会や講演会に参加できない……」

まだまだ連ねたいところですが、このへんで。すべて20代~30代半ばの生の声です。「耳が痛い」とおっしゃるマネージャーのみなさん。耳を塞いではいけません。直視してください。これが現実です。え、「僕は大丈夫!」「ああ、いるよね、そういう残念なマネージャー……」ですって？　では、そんなあなたにさらにトドメの声を……

「『自分は大丈夫！』『そんなヤツいるの？』って言う上司に限ってヤバい」

あなたの何気ない行動や無思慮が、部下のモチベーションを下げている！

「ええ、そんなことでモチベーションが下がるものなの!?」
「よかれと思ってやっていたのに……」
「私もそうやって育ってきたんだけれど……」
「マネージャーとしてあたりまえの行動をしているだけ」

一方で、マネージャーのみなさんからはこんな叫びが聞こえてきます。残念ながら、あなたにはそのつもりがなくても、部下は順調にやる気を失っているようです。それでは、モチベーション下り坂の天気図を見てみましょう。

モチベーション低下の原因は1つではありません。さまざまな背景や要因が絡み合っています。6つのゾーンに分けて考えて見ましょう。

①なにもしないゾーン

文字どおり、なにもしない。部課長は「モチベーションを上げよう」「人材育成が大事」と叫ぶだけ。部下に任せっぱなし。任せたくせに、権限を与えるわけでもなし。そうかといって、部下が報告や相談しても、まともにとりあわない。判断しないし、決裁しない。よくわからない屁理屈や懸念を並べ立てて差し戻し。部下がせっかくやる気をもって提案しても、先に進まない。チャレンジできない。部下のモチベーションはどんどん下がる。でもって、うまくいかなかったら部下のせいにする。

②井の中あきらめゾーン

つねに目先の仕事で手一杯。さらには無駄な仕事で手一杯。

「私、海外マーケティング部門なのに、常に本社で数字の集計に追われている。海外のマーケットを見たことがない」

モチベーション下り坂の天気図

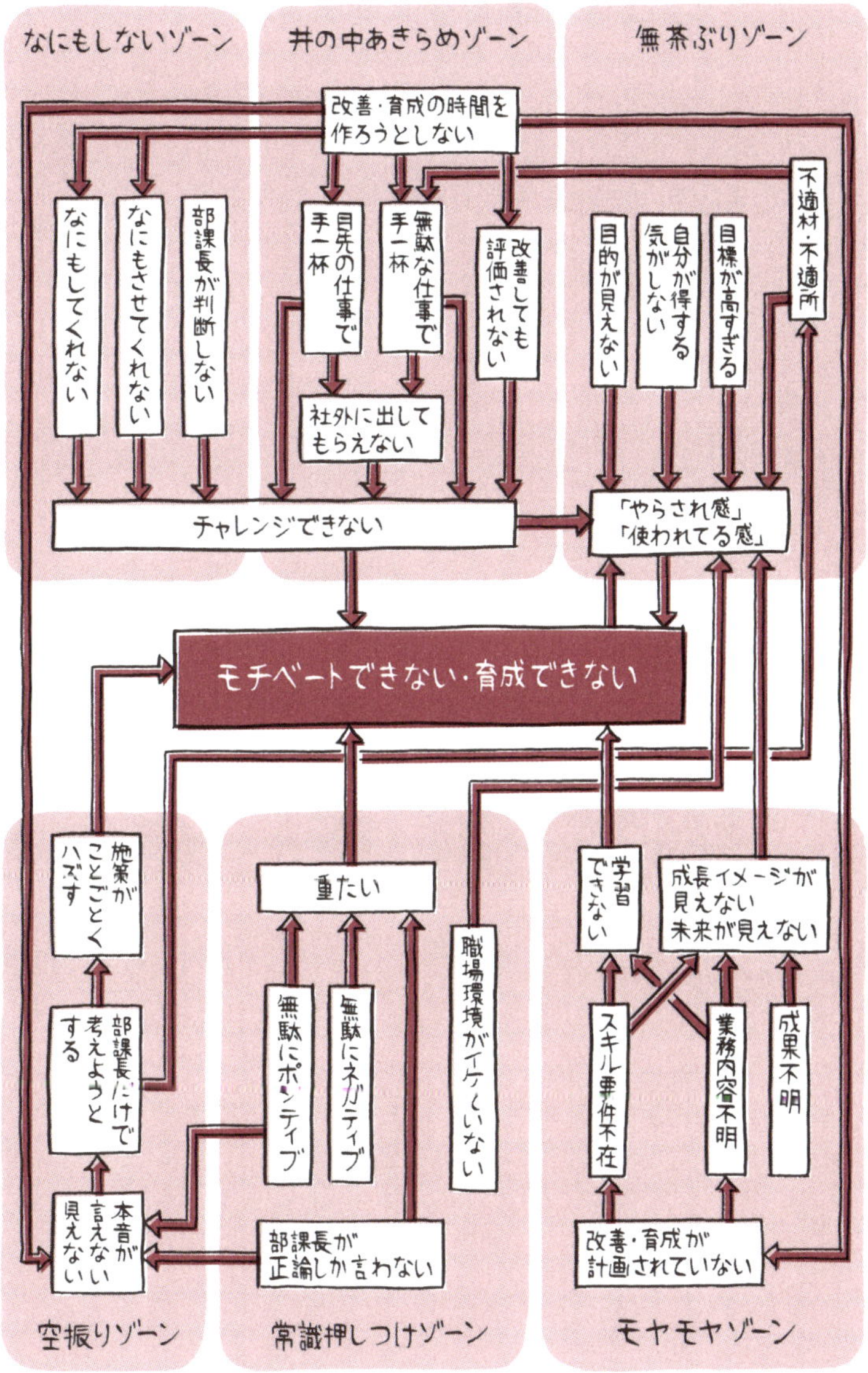

「エンジニアなのに、毎日説明資料作りしかしていない……」

「稟議書を書いたり、契約手続きをしたり、事務作業が多くて、本来の仕事が進まない。そもそも私、事務作業が苦手なんですけど……」


本来業務の足をひっぱる付随業務でてんやわんや。自分のやりたい仕事ができない。自分の成長につながらない。そう思って業務改善をしたいと提案するも……


「目先の仕事に集中してくれ」

「それはあなたの仕事じゃない」


部課長の無慈悲なひと言。はい、試合終了。

せめて、視野を広げたい。スキルも磨きたい。たまには定時にあがって、あるいは業務時間と会社のお金を使って、社外の勉強会や講演会を聞きに行ってもいいよね。外部研修を受けさせてください……って、とても言えない。絶対ダメって言われるに決まっている。

今日もいつものオフィスで、いつもの仲間と、深夜までいつもの事務作業。嗚呼、悲しき井の中の蛙たちよ！

③無茶ぶりゾーン

1丁目から派生する問題。そもそも仕事の目的が見えない、でもって、部下に丸投げする。それも、よりによって苦手な仕事を苦手な人に。

上司は悪気なし。だれが、何が得意で何が苦手か、どんな仕事をやりたいか知らないだけ。無邪気そのもの。

部下も部下で、「仕事ですから」と割り切って、やらされ感で淡々と仕事する。身につくのは、受け身マインドと忍耐力のみ。

あるいは、どう考えても無理ゲー（クリア不可能な無理なゲーム）でしょ、ってくらい高い目標の仕事を部下に振る。何の説明もなしに。お得意の、気合と根性でナントカしろですか……。

④空振りゾーン

職場のどんより空気。一応、なんとかしようとする。マネージャーですから！　ところが、その施策が見事にハズしまくる。

「モチベーションが低い。一体感がない！　飲み会だ！」
「みんなで運動会をやろう！」

……ええと、それもイイんですけれど。そういうことをやってほしいのではなくてですねぇ。

その背景には、部下が本音を言えない空気だったり、上司が現場の本音と向きあえていない現状があります。

マネージャーが部下の本音や現場のリアルがわからない
↓マネージャーだけで対策を検討する
↓ハズす
↓現場のモチベーションがますます下がる

⑤常識押しつけゾーン

「空振り」の原因の1つ。経営や部課長が考える常識が古い。あるいはキレイごとしか言わない。それが現場の空気を重たくし、本音を言えない職場風土を作ります。

「営業なら、この程度の我慢はして当然」

「ミスをするのは気合が足りないからだ」

「すべて自分たちでやって当然。外注するなどもってのほか」

「何事も、顔を合わせて打ち合わせするのが常識」

「何があっても、全員朝9時までに出社していなければならない」

「スーツとネクタイで出社してあたりまえ」

「社会人たるもの、仕事を最優先するものだ」


また、上司が無駄にポジティブなのも考えもの。


「常に溌剌としなさい！」

「やらされ感をもつな！」


あなたがそれを言った瞬間、部下はもの言わぬ人に変わってしまいます。ムリ・ムダ・おかしいを言えないようになります。

そうかといって、ネガティブすぎるのもどうでしょう。

「どうせこの会社は、なにをやっても変わらないよ……」

それをナントカするのがあなたの仕事です。

物理的な環境の悪さも、そこで働く人たちのモチベーションを下げます。

・切れかかった蛍光灯が、いつまでたっても交換されない
・トイレが少なくて、いつも混雑している
・オフィスが熱い／寒い
・エンジニアなのに、低スペックのPCしか与えられない
・クリエーターなのに、デュアルディスプレー（パソコンのモニターを2台置くこと）が許されない
・ITツールを使いこなして仕事する能力があるのに、リモートワークがいっさい許されない
・狭い居室の、狭い机に押し込まれる

これらが常態化すると、「自分は人として扱われていない」「プロとしてリスペクトされていない」と感じるようになります。

⑥モヤモヤゾーン

1丁目に続き、ふたたび登場「モヤモヤ」。「モヤモヤ」は働く人たちのモチベーションの面でも大いに悪さをします。

スキル要件不在。この部門／チーム／課で成果を出すためには、どんな知識やスキルや技術が必要とされるのか？　だれも定義していない。そして、スキル要件を定義するためには、業務内容が説明できないと元も子もありません……が、業務定義すらない。よって、育成計画もない。

「とりあえずＯＪＴ」
「とりあえず先輩について」

しかし、その先輩とて、自分の業務内容も説明できなければ、スキルも説明できない。

「仕方がない、では自分で学習するしかないか」と思うも……そもそもスキル要件がわからないので、なにを勉強したらいいのかわからない！　成長イメージも、未来のキャリアパスも見えない。まさにモヤモヤの連鎖。

本音を言えない４つの背景

ところで、私たち日本人は、なぜ職場でなかなか本音を言えないのでしょうか？　そこには、４つの要因が存在します。

①怖くて言えない
②わざわざ言わない
③言語化できない
④気づかない／気づけない

①怖くて言えない

部下は上司に本音を言わない生き物。これは定めだと思ってください。よほど風とおしのいい企業はさておき、部下は上司に本音を言いません。だって、人間だもの。

②わざわざ言わない

「これ、わざわざ紙に出力して郵送する必要あるんですか？　データでいいですよね」

「この会議、私が出る必要ありますか？」

「その打ち合わせ、Ｓｋｙｐｅでもイイですよね？」

「社内部署ですし、ポロシャツ＆チノパンで出社しても問題ないですよね？」


なんとなくムダだと思っていても、おかしいと思っていても、わざわざ仕事の手を止めて上司に言う人は少数派。結局、心の中で「モヤモヤ」させているか、給湯室や飲み会での不満レベルで終わってしまう。改善にはつながらない。

あるいは、こんなパターンも……


「以前、改善提案をしたことあるのですけれど、とりあってもらえませんでした。なので、二度と改善提案なんてしません」

「改善しても、評価されないんです。アホらしくてやってられません」

出た！　過去の黒歴史が生んだ「二度と改善提案なんてするものか」。

「ウチの社員は大人しい……」
「だれも改善提案をしてこない……」

そう思ったら、要注意！　あなたの組織、部下から信頼されていないかもしれませんよ。

③言語化できない

日本の組織に意外と多いのがこれ。みんな、なんとなく今の仕事のやり方がオカシイと思っている。改善の余地があると思っている。しかし、それが何なのかはよくわからない。指摘できない。「モヤモヤ」して足踏み。「ムリ」「ムダ」「おかしい」を指摘し、組織の要改善課題として合意形成するには、言語化するきっかけやスキルも必要です。

④気づかない／気づけない

これまた多い事象。そもそも、自分たちの仕事のやり方の何が「ムリ」で、何が「ムダ」なのか、気づかない。気づけない。無理もありません。同じ仕事を5年も10年も続けていたら、自分がやっている仕事がムダだなんて思わなくなります。ほかのやり方を知らなければ、今のやり方がすべて。

いや、もしかしたら今のやり方の「ムダ」に薄々気づいてはいるかもしれません。でも、気づかないふり。なぜなら、「ムダ」を指摘するイコールいままでのやり方や上司を否定することにつながるから。

経営層やマネージャーが言ってはいけない「滅びの言葉」5つ

次の5つの言葉。経営層やマネージャーは、決して部下に言ってはいけません。部下に主体的な改善やチャレンジを求めるのであれば、絶対に。

「いままでなにやってたんだ」

「無理に決まっている」

「キミがラクしたいだけでしょ？」

「業務外でやって」

「キミ（たち）だけでやって」


すべて滅びの言葉です。これらを言ってしまったら、部下は二度と善意の改善提案などしなくなります。

とにかく、マネージャーはこの4つをやってください！

部下のモチベーション向上や育成もマネージャーの責任です。部下を野に放っておけば勝手に育つわけではありません。かといって、事細かに指示をすると部下の成長を妨げます。マネージャーとして絶対やってほしいことを４つ挙げます。

①改善や育成を検討する時間をとる

まずは、とにかく業務改善を検討したり、育成を検討する時間を確保してください！

すべてはそこからです。

- 手始めに来週どこかで1時間、業務改善検討の時間を確保する
- 年1回、仕事をたな卸しして改善する仕事、やめる仕事をみんなで話し合って決める
- スキル要件を定義する時間をとる
- 業務時間の1割は、チャレンジの仕事に使うと決める
- 業務改善の勉強をするための予算をとる
- 業務改善の担当者を決める（もちろん、仕事としてアサインして評価する）

強制的にでも、時間をとる。予算を取る。担当者を決める。それを仕事として認める。それをやらない限り、いつまでたっても業務改善も育成も進みません。たまたま問題意識の高い社員、たまたまチャレンジ精神旺盛な社員、たまたま物怖じせずズバズバとものを言う社員、たまたま勉強熱心な社員に甘えていては、組織の安定した成長は期待できません。また、やがてそのような社員も、モチベーションを失ってしまうでしょう。

人は目先の仕事で手一杯になって当然。ムダ、ムリ、おかしいと思っていてもなかなか言えなくて当然。だって、人間だもの。マネジメントとは、人間ゆえの弱みと向きあって

仕掛けでナントカすることを言います（これまでの慣習や個人の気合と根性でナントカすることは、マネジメントができているとは言えません）。

②とっとと決める

決めてもらえない状態が続くと、部下はモチベーションを下げます。その仕事に対して熱量があればあるほど。よって、上司はできるだけ迅速に意思決定しましょう。

「すみません、上司がなかなか決めてくれなくて……もうしばらくお待ちいただけますか？」

私に講演を依頼したい大企業の担当者の方に、こう平謝りされることがあります。担当者が本当にかわいそうになります。本人は新しいチャレンジをしたくて、社内の空気を変えたくて講演を企画している。ところが、上司がなかなか決めてくれない。外の人にも迷惑をかけていて申し訳ない気持ちになる。担当者のつらみが痛いほどよく伝わってきます。そして、モチベーションが下がっていくのもわかるのです（私に悩み相談される担当者もいます）。

私自身も経験があります。上がなかなか決めてくれない。待たせてしまっている取引先に申し訳ない。それが繰り返されると、自社が恥ずかしくなります。本当に、外に対して自社が恥ずかしくて、情けなくてたまらなくなる。そして、それを変えられない自分の無力さもイヤになります。そうして、ある日突然、自社への愛着が音をたてて崩れ去るのです。マネージャーのみなさん、部下に二度とそんな思いをさせないでくださいね。

とはいえ、上司もサラリーマン。企業規模が大きければ大きいほど、自分1人では決められないもの。せめて、「いつ」「だれが」「どのようなプロセスで」決めてくれるのかだけでも、部下にきちんと説明しましょう（「モヤモヤ」は不満の温床）。それだけでも、部下の納得感が変わります。「もう少しがんばってみるか」と思えるようになります。

③任せきる

部下を信じて任せる。余計な口出しはしない。人は、自分を信じてくれた相手を信頼します。

逆をいえば、信じてくれない相手は信頼しようがありません。部下は自分に仕事を任せてくれることで、主体性をもち、やがて仕事に対する誇りをもつようになります。

④いったん受け止める

すぐに否定する。部下の話をさえぎる。持論を押し付ける。それが、部下の提案意欲を削ぎます。二度とチャレンジしなくなります。

「部下の改善提案をいったん受け止める」

上司はその度量を持ってください。まずは部下の話をきちんと受け止める。そのうえで、

「その先の本来の目的や目指す姿はどこか？」
「どうしたら実現できるか？」
「何が足りないか？」

をいっしょに悩み、アドバイスしましょう。いったん受け止めるためには、次のような方法も有効です。

・ホワイトボードに書き出す
・Excelの改善課題表に書き出す
・週1回のチームミーティングで進捗を確認する

「この上司は自分の意見をきちんと受け止めてくれる」
「この組織は、提案を実行に移そうとしてくれる」

この安心感が、社員への改善提案やチャレンジをする内発的動機づけになります。組織風土は、こうして醸成されるのです。

マネージャーの常識＝部下の非常識。常識をアップデートしよう

若手のモチベーションを上げようとして、中高年のマネージャーが一生懸命対策を考えたところで、たいていハズします。このような差が生じるのは、いわゆるジェネレーションギャップのせいだけとは限りません。上司と部下で職能が異なるケースでも起こりえま

す。事務職のマネージャーが考えた、エンジニアのモチベーション向上策。残念な結果にしかならないことも。

「飲み会を増やそう！」⬇「いや、無理して飲みになんて行きたくありません」
「情報共有の会議を増やそう！」⬇「むしろ、チャットのほうが情報を発信／入手しやすくてありがたいんですけれど……」

ずばり、あなたの常識は部下の常識ではないのです。古い常識を押しつけられて、モチベーションが上がるわけがありません。それこそ「自分たちはリスペクトされていない」としか思わなくなります。たとえばあなたが事務職で、部下がエンジニアだとしましょう。あなたは、次の言葉をどれだけ知っていますか？

・LT
・Slack
・もくもく会
・Qiita

・ハッカソン、アイディアソン

そうはいっても、中高年が若手の気持ちになるのは至難の業。あなたの若い頃と若手の今とでは時代背景も価値観も違いますから、過去をふりかえったところで彼ら／彼女たちと同じ気持ちになれるとは限りません。無理に若手に寄り沿おうと努力しても、ハズす可能性大。では、どうしたらいいか？

（ふたたび）任せましょう。

若手のモチベーションが上がるやり方は、若手が一番よく知っています。エンジニアの生産性が上がる環境は、エンジニアが一番よく知っています。中間層の悩みを一番よく知っているのは、中間層自身です。

経営層やマネージャーは、お金と時間と提案する機会（もちろん、それを実現する機会も）を彼らに与える。任せる。それがなによりです。

もちろん、当事者だけで道に迷いそうであれば、アドバイスする。社外の専門家を入れる。他社の人たちと交流する機会を提供する。そのようなサポートも大事。本人たちの育成にもなりますし、組織の常識をアップデートするチャンスです。

チームで「やりたいことリスト」「苦手なことリスト」「好きなことリスト」「得意なことリスト」を作ってみる

あなたは、部下のやりたいこと、苦手なこと、得意なことを知っていますか？　あるいはメンバー同士、お互いがお互い、それを知っていますか？

答えがNOの方。落ち込む必要はありません。毎日の仕事で忙しければ、そんな会話をする余裕もないですよね。また、自分からわざわざ「あれやりたい！」「こんなことにチャレンジしたい！」「この仕事はイヤです！」と宣言する勇者はなかなかいないでしょう。

しかし、そのままにしておくと、

・何が部下のモチベーションを上げるスイッチになりうるのか？
・どんなチャレンジをさせてあげたらいいのか？
・日々の仕事を効率よくこなすために、だれに、何をふったらいいのか？

もわからないままになります。

年1回でかまいません。チームメンバーで集まって、個々人の「やりたいこと」「苦手なこと」「好きなこと」「得意なこと」をリストに書き出してみてはいかがでしょう？　普段、なかなか言い出せない控えめな人でも、機会を設ければ言いやすくなります。

もし、それでも書き出し／言い出しが進まなければ？　次の点を自問自答してみてください。

「課長の僕がいるから、遠慮して言い出しにくいのかな？」
「部下の視野が狭いのかもしれない……」
「部下の知識や経験が圧倒的に少ないな……」

部課長同席では遠慮してしまうようであれば、若手だけでワイガヤしてもらうのもいいかもしれません。
部下の視野が狭く、知識や経験が足りないと感じたならば？　思い切って、新しい仕事を任せてみましょう。社外（勉強会や研修など）に出してあげましょう。人は、新しい物事を経験したり、外に出ていかなければ、何が得意で、何が好きかはわかりません。本気になれる、やりたいことに出会えていないだけかもしれません。

「うちのメンバーは何のとりえもない……」

そう思っている上司は、単に部下に新しいことを経験させていないだけかもしれません。井の中の蛙は、個人の成長も組織の成長も妨げます。

1割だけ、その人の好きな仕事や得意な仕事を任せる

チームメンバーの趣向がわかったら？　仕事の分担に活かしましょう。たとえば、部下のAさんに10の仕事を任せているとしましょう。そのうち1つだけでも、Aさんのやりた

い仕事や得意な仕事に替えてあげてください。あるいは、将来新たな仕事が舞い込んできたとき、それがAさんがやりたがっている仕事だったら、真っ先にAさんに任せてください。その積み重ねが、部下の上司および組織への信頼感を育みます。

その際、みんなが苦手だと思っている仕事や、やりたくないと思っている仕事は、捨ててしまうのもありです。捨てるのは無理でも、「効率化する」「外注する」など、スリム化するやり方はいくらでもあります。

「自分たち（のチーム）はどこで価値を出していくのか？」
「どの仕事を優先するのか？」

それを話し合って、やめられるものはやめましょう。やめることを決めるのも、マネージャーの仕事ですぞ。

本音を「言える化」するには、「手を変え」「品を変え」「景色を変え」よう

「本音を言え！」と圧力をかけたところで、ますます本音を言わなくなります。本音を言えるようにするには、「手を変え」「品を変え」「景色を変え」が大事。

- 会議室で本音が出にくければ、カフェに行ってみる
- 部下の悩み。課長が面談して聞き出せなければ、課長代理から本音をさぐってもらう
- 外部のファシリテーターを呼んで、意見出しをする
- たまには普段着で、野外で打ち合わせしてみる
- 本を読んでみる
- 社外事例を勉強してみる
- ゲーム形式で、無駄を洗い出してみる（ゲームのルールのせいにすることで、本音が言い出しやすくなります）
- 現状の業務プロセスを図解してみる

「手を変え」「品を変え」「景色を変え」の引き出しは多いにこしたことはありません。ぜひ、マネージャーのあなた自身が積極的に外に出て、変え方のバリエーションを仕入れておきましょう。

部下は本音を言わない。だから上司から本音を言うのだ

「部課長は、部課長らしくふるまうべきだ。決してネガティブなことを言ってはいけない」

「仕事場では弱音を吐いてはいけない」

その思い込みや、強がり（？）こそが、部下が本音を言いにくい雰囲気を作っているかもしれません。

たとえば、あなたのチームがお客さんから無理な要望を押しつけられたとしましょう。

その仕事をどうしても受けざるをえない。

「お客さん相手だから、仕方がない」

もちろん、その割り切りも大事。でも、たまにはこう言ってみてはどうでしょう？

「あのお客、ほんとふざけるなだよな！　腹立つわー。次回は絶対断るから、今回だけは申し訳ない！　いっしょに乗り切ろう」

部課長も部下も同じ人間です。無理して聖人君子のようにふるまう上司よりも、人間くささのある上司のほうが親近感が湧きます。ポジティブさを強要する上司より、仲間の目線でいっしょに怒って、いっしょに悔しがって、いっしょに喜んでくれる上司を信頼するようになります。

「部下に本音を言ってもらいたければ、部課長のあなたが本音を言う」

時にはそれも必要です。常に聖人君子のような上司では、眩しすぎて本音も弱音も言えません！

チームのスキルマップを書いてみよう

あなたのチームの業務を遂行する、あるいは目指す姿に到達するためには、どんなスキル／知識／技術／経験が必要か？　１回書き出してみましょう。

えっ、人事部が定義しているものがすでにある？　スキル定義は人事部の仕事だ？　では、そんなあなたに質問です。

あなたは人事部が定義したスキルマップであなたの課やチームの業務内容を十分カバーできていると、自信をもっていえますか？

あなたのチームに欲しい人材要件をそれで説明できますか？

人事部門は現場の課単位、チーム単位の細かい仕事まで把握できません。ましてや、将来どうなるべきかを定義することは不可能に近い。あなたのチームのスキル要件は、自分たちで定義しないとうまくいきません。

というわけで、自チームのスキルマップを書いてみましょう。ホワイトボードやＥｘｃ

e1シートで結構です。

①縦軸にスキル（含：知識／技術／経験）を書き出す

大きく「汎用スキル」と「特殊スキル」の2つに分けて考えると洗い出しやすいでしょう。

汎用スキルの例

プレゼンテーション能力、プレゼン資料作成能力、クリティカルシンキング

特殊スキルの例

テクニカルライティングスキル、Visual Basicのスキル、Javaのスキル、通関士の資格、ヘルプデスク経験（2年程度）

最近では、「テクニカルスキル」「ヒューマンスキル」「コンセプチュアルスキル」の3つに分類する考え方もあるようなので、参考にしてもいいかもしれません。あなた1人でわからなければ、上司やチームメンバーといっしょに洗い出してみましょう。その作業を通じて、メンバーの「これを勉強してみたい」「こんな仕事を経験したい」が引き出せるかもしれません。

②横軸にメンバーの名前を書き出す

スキルが書き出せたら、横軸にメンバーの名前を書き出してみましょう。そして、メンバーごとの各スキルの必要性の有無と、現有状況（いまそのスキルがあるかないか）をプロットします。次のような印をつけるだけでも、メンバーの現在と未来の理想像が見える化できます。

- ◎＝必要かつ十分なスキルを有する（強化不要）
- ○＝必要かつそこそこのスキルを有する（要強化）
- △＝必要だがスキル未習得（要強化）
- —＝不要

③育成計画を作る

スキルマップが完成したら、育成計画を作ります。

・だれが？
・どのスキルを？
・いつまでに？
・どんなやり方で身につけるのか？（ＯＪＴか研修などのＯＦＦ－ＪＴか？　資格取得か？）

これが描ければ、すべきことが明確になります。すなわち、「何を勉強したらいいかわからない」「とりあえずＯＪＴ」「ゴールイメージがわからない」といった「モヤモヤ」をなくすことができます。また、

「Ｂさんにこのスキルを身につけてほしい。経験者のＡさんとペアで仕事をしてもらおう」

といった有機的なチーム編成にも役立ちます。

④時間が経過したあと、チームメンバー全員でスキルマップを眺めてみる

半年、あるいは1年経過したら、再びチームメンバー全員でスキルマップを眺めてみましょう。

自分たちがどこまで成長したか？
まだ足りないものはなにか？
新たに必要になったスキルはなにか？

成長のふりかえりと要件のアップデートができます。

人の採用もラクになります。実例を1つ。ある大企業のバックオフィスで実際にあった話。その部署では、派遣社員がなかなか定着しなくて困っていました。新しく入っても、1カ月後、2カ月後には辞めてしまう。聞けば、業務内容とスキルとのミスマッチが原因とのこと。

スキルマップ

◎ 必要かつ十分なスキルを有する（強化不要）
○ 必要かつそこそこのスキルを有する（要強化）
△ 必要だがスキル未習得（要強化）
ー 不要

	必要スキル スキル・知識・技術・経験	必要性と現有状況				
		Aさん	Bさん	Cさん	Dさん	Eさん
汎用スキル	汎用スキルa	◎	○	ー	ー	ー
	汎用スキルb	○	◎	ー	ー	ー
	汎用スキルc	○	○	○	○	○
	汎用スキルd	ー	ー	△	○	◎
	汎用スキルe	△	△	△	ー	ー
特殊スキル	特殊スキルh	◎	◎	○	△	△
	特殊スキルj	ー	ー	ー	○	◎
	特殊スキルx	○	○	◎	ー	ー
	特殊スキルy	△	△	△	△	△

POINT1
『コミュニケーション能力』では漠然としすぎ。その仕事をするうえでどんなコミュニケーションが必要かを想定して、具体的に書くといいわね。

POINT2
このマップをもとに「だれが」「どのスキルを」「いつまでに」「どんなやり方で（OJT、OFF-JT（研修など）、資格取得）」身につけるのか計画を立てましょう！

「思っていた仕事と違う」
「自分のスキルが活かせない」

採用担当の主任さんは、年がら年中採用と受け入れ教育をしていて、いつもヘトヘト。そこで、その部署ではスキルマップを定義しました。派遣社員にお願いしている仕事も対象に、どんなスキルやどんな経験が必要なのかを具体的に言語化。そして、それを募集要項に明記するようにしたのです。単に「コミュニケーション能力が高い人」などではNG。「その仕事では、どんなコミュニケーションが発生して、どんなふるまいが求められるのか?」まで掘り下げて要件を記述します。

それから、状況が変わりました。ミスマッチがなくなり、派遣社員が定着するように。また、スキルマップを見ることで、候補者は「この部署で仕事をすると、こんなスキルが身につく可能性もある」ことがわかるようになったといいます。着任後、「私、この仕事もしてみたいです!」と手を挙げる人も。すなわち、未来が見えるようになったのです。スキルマップは、個々人の主体的なキャリア形成をサポートするツールでもあるのです。

「育成を強化しよう!」

そう考えるとき、とかく育成スキルだけを高めようとしがちです。コーチング研修を受けてみたり、プレゼンテーション能力を高めたり。でも、育成スキルを高めようとするよりも前に、業務定義やスキル要件定義を組織単位でしっかりやったほうがいい。その組織に現在（および近未来）必要なスキルが説明可能になっていない状態では、育成はできません。また、育成が育成者の経験やメンタリティに依存してしまいがちです。それは、きわめて属人的かつ脆弱な状態といえるでしょう。

部署名やチーム名をわかりやすくする

「パートナーアライアンスコーディネーション担当」
「グローバルアフェアーマネジメント室」
「ビジネスプロセスマネジメント担当」
「ユーザーエクスペリエンスアーキテクトデザイン&マネジメント担当」

最近、カタカナだらけで、ぱっと見何をするところなのかわからない部署が増えてきました。どこで息継ぎしたらいいかも困る。中の人に聞いても「さあ、私もなにをする部署なのかよくわかっていないのですが……」と返ってくることも。

そこでどんな経験ができるのか、どんなスキルを必要とされるかが想像できない。いわんや、部外者（他部署、お客さん、取引先など）も、「何を解決してくれる部署なのか？」「何を期待したらいいのか？」がわからない。それは、個人にとっても組織にとっても機会損失をもたらします。

たとえば、私はかつて「ナレッジマネジメント／ブランドプロモーションチーム」なる組織に所属していたことがあります。いまでこそ、ナレッジマネジメントやブランドマネジメントは日本でも職種として認知されるようになりましたが、それでもわかりにくいですね。それが、一般的には「社内広報」という言葉で説明可能だと知ったのは、卒業して8年経ってからでした。もし、あのとき「社内広報」なる説明ができていたら……

- **広報や社内広報のコミュニティや勉強会に参加して、業務知識を深めたり、活動をブラッシュアップできたかもしれません**
- **広報人材の意識をもって、効率よく勉強できたかもしれません**
- **広報にくわしい取引先を探して、力を借りることができたかもしれません**

・社内広報の取り組み事例として、ナレッジを社外に発表できたかもしれません
・卒業（異動／転職）後に、広報の経験を活かせる仕事につけたかもしれません

自分たちの仕事を一般的な言葉で説明できれば……

・必要な知識にたどりつきやすくなります
・必要な協力者から必要な協力を得られやすくなります
・自分の経験やスキルを説明しやすくなり、市場価値が上がります
・異動／転職しやすくなり、将来の仕事の幅が広がります

「部下が転職しやすくなってしまうのは困るな……」ですって!? それは無責任ではないでしょうか。あなたがその部下を終身雇用できるのならさておき、今の時代、会社がその人を終身雇用できるとは限りません。社外でも通用する立派な人材を育てる。説明可能なキャリアを積ませてあげる。それも、マネージャーの社会的責任です。なにより、優秀な人材を輩出する組織には、優秀な人材が集まります。こうして、組織と個人、双方のブランド価値が上がるのです。

転職しなくとも、遅かれ早かれ人は異動します。その時に「あの仕事をしていてよかった」「あのチームで成長できた」と思ってもらえるか、「最悪だ。だれにも薦められない」と思われるか。それは、あなた次第です。

わかりにくい部署名、チーム名。いますぐ変えるのは無理でも、

「いわゆる法務部門です」
「情報システム部門です」
「設計部門だと思ってください」

といった一般的なコトバで説明できるようにしておきましょう。

マネージャーの問題地図

BUS

5丁目

削減主義

リソース
マネジメント

オペレーション
マネジメント

ブランド
マネジメント

行先
あれもこれもで、てんやわんやな現場のマネジメント

またまた対話シーンから……

――あなたは、某中堅メーカーの経営企画部の課長です。ある日、部長から新たなオーダーを言い渡されました。自分ではできそうにないため、部下に振ることにしました。

【シーン1】

課　長「ちょっといい。新しい仕事をお願いしたくて。社長が社内コミュニケーション活性化のために、当社でも『社内報』が必要だと言ってるらしくてね」

部　下「社内報……ですか？」

課　長「そう。で、ウチの担当にお鉢が回ってきた。あなたに社内報作りをお願いしたいんだけれど、いいかな？」

部　下「は、はい……わかりました。予算はいくらですか？」

課　長「予算なんてないよ。なんでそんなこと気にするの？」

部　下「いやいやいや。だって、ライターさんとか、カメラマンさんとか、デザイナーさんとか必要ですよね。制作会社や印刷会社にもお願いしないといけないですし。そもそも私、社内報なんて作ったことないですから、コンサルタントの意見も聞きたいです」

課長「いやー、あなた1人でなんとかやってほしいんだけれどね」

部下「……それ、本気でおっしゃってます？」

課長「デザインなら、インターネットで使えそうな素材をチャチャッと集めて、それらしくできそうじゃない？　あるいは知り合いで、タダでデザインしてくれる人とかいないかな？」

部下「……だめだこりゃ（やってられんわ）」

【シーン2】

課長「『働き方改革』のアオリで、うちの課もなにか改革らしきことをしなければいけなくなった。とりあえず、残業ゼロを掲げることにした。というわけで、今日から残業したらダメだから。よろしく」

部下ABC「ええっ!?　いきなりそんなこと言われても……」

課長「とにかくダメ。文句言っているヒマあったら仕事、仕事！」

部下ABC「………」

部下A「B先輩、このグラフの集計の仕方を教えてほしいんですけれど……」
部下B「ごめん、そんな余裕ない。ネットで自分で調べてナントカして……」
部下A「……は、はい。すみません」
部下C「課長。日報を、わざわざWordに書き写す作業、時間がもったいないのでこの際やめたいのですが、イイでしょうか？ ほかの人が開いていると編集中で作業できないですし、待ちの時間ももったいないです。各自のメール見ていただければ内容はわかりますし……」
課　長「あ、ダメダメ！ いままでどおりやってください。……そんなこと考えているヒマあったら、とっとと手を動かす！」
部下C「は、はぁ（これこそ無駄な仕事だと思うんだけれどなぁ）」

「コスト削減」「時間削減」がこんな不幸をもたらす

反論を恐れずに言います。削減主義はだれも幸せにしません。削減一辺倒の組織が、どんな不幸をもたらしているのか？ この地図をご覧ください。

☑ 削減主義は百害あって一利なし

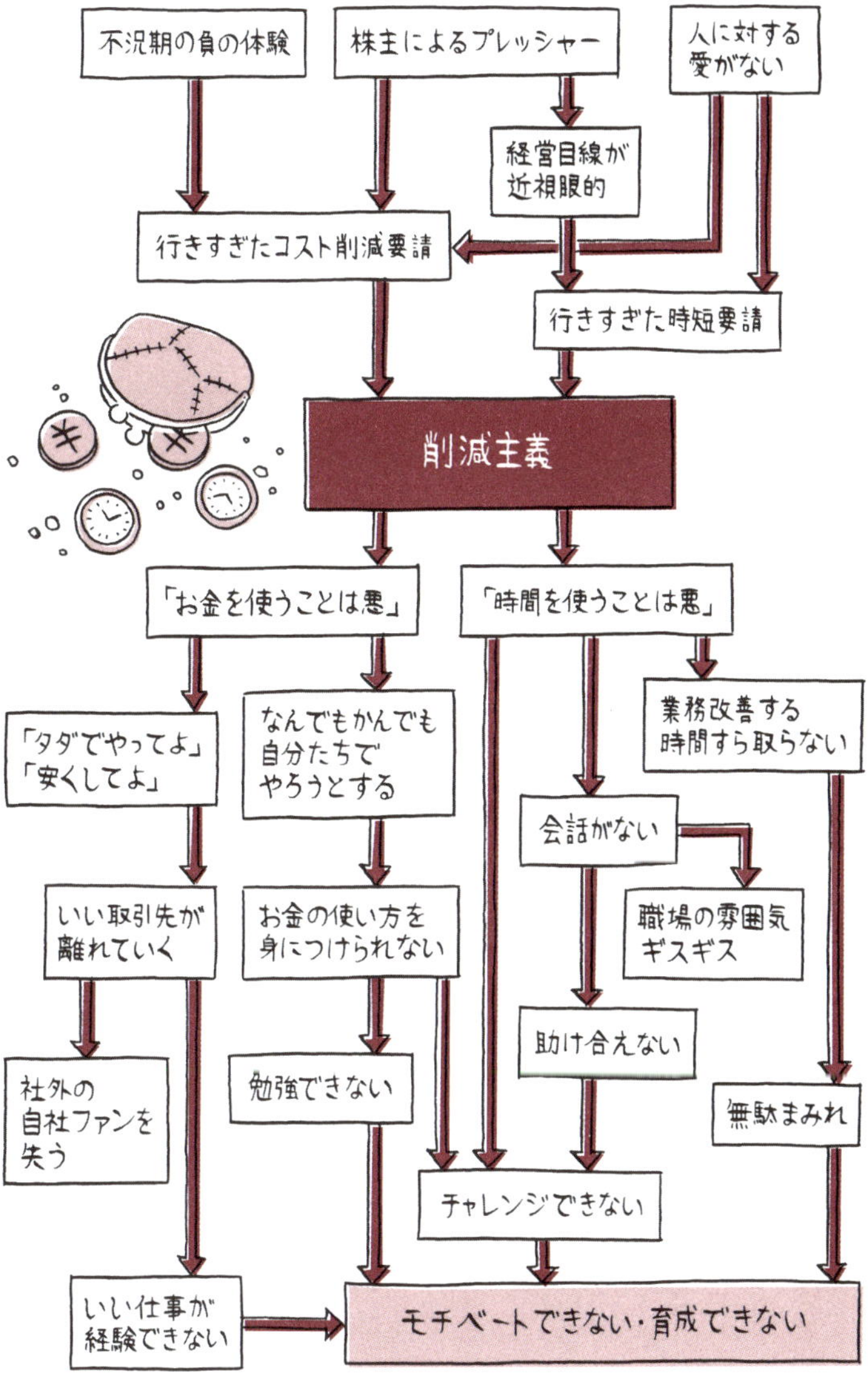

①行きすぎたコスト削減要請

「毎年、本社からコスト削減、コスト削減と言われる。なんだか、削ることが仕事みたいになってきましたよ……」

苦笑いする現場の部課長。もう削るところなんてない。この乾いた雑巾、いつまで絞りつづければイイの!?

「お金を使わせてくれないくせに、イノベーションしろ？　チャレンジだ？　勝手なことばかり言って……冗談も休み休み言え！」

社長講話を聴きながら、部下は机の下で拳を握り締めています。

②行きすぎた時短要請

ふたこと目には時間削減、残業削減。もちろん、それも大事です。いままで日本の職場はあまりにもケジメがなさすぎましたから。しかし、それが行きすぎて……

・会話がない
・お互いが何をやっているのかまったくわからない
・助け合わない
・職場の雰囲気がギスギスしてきた

これらの病気を発症している。同じチームのだれかが困っていても、だれも助けようとしない。それどころか、何に困っているのかすらわからない。その悩み、隣の先輩に聞けば瞬時に解決するかもしれないのに、いつまでも1人で悩んでいる。

だれが何をやっていて、何が得意で、どんな思いを持っているのか?

それがわからなければ、新たなチャレンジも生まれません。AさんもBさんもCさんも、じつは新しい技術に取り組みたいと思っていた。あるいは、同じ仕事にみんな無駄を感じていた。ラクにすませたい、改善したいと思っていた。でも、お互い心の中でずっとモヤモヤとフラストレーションを抱え続ける日々。無駄だと思いながら、無駄な作業を続ける日々。ああ、もったいない！

なぜ起こる？　行きすぎた削減主義

どんどんエスカレートする削減活動。そこには、３つの背景が考えられます。

①不況期の負の体験

日本の企業は、ここ10年、あるいは20年、こぞってコスト削減に注力してきました。もちろん、やむをえない事情からそうしてきたわけです。１９９０年初頭にはバブルが崩壊し、２００８年にはリーマン・ショックによる不況が世界を襲いました。しかし、この「失われた10年」あるいは「20年」の代償は大きい。

- いつの間にか、お金を使うこと＝悪の価値観ができあがってしまった
- コスト削減目標が１人歩き
- 成長のための投資もまったくおこなわれない

こんな企業の多いこと……。すでに不況は脱しているのに、お金を使おうとしない。その結果、なんでもかんでも自分たちだけでやろうとする。それは、部下にとっても組織にとっても不幸です。

②株主によるプレッシャー

続いて、株主の存在。ことあるごとに、コスト削減せよとプレッシャーをかける。経営者は、泣く泣くコストを削減せざるをえない。

でもね、考えてもみてください。目先の利益だけを追求する筋悪な株主に振り回されて、会社は幸せですか？　社員は幸せですか？

③人に対する愛がない

そもそも社員や協力会社をコストとしか思っていない。だから、人件費も平気で削る。環境や教育にお金をかけない。でもね、考えてもみてください。愛をかけてもらえない子どもが、親を大切に思うでしょうか？　お金をかけてくれない経営者に、社員や協力会社のスタッフは報いようと思うでしょうか？

生産性に対する大きな誤解2つ

日本の組織は生産性が低いといわれています。働き方改革ムードを背景に、生産性向上に取り組む組織も増えてきました。そもそも、「生産性が高い」とはどのような状態でしょうか？　生産性は次の式で説明されます。

生産性＝アウトプット／インプット
※インプット＝原材料、情報、設備投資、労働時間、経費などいわゆるリソース（ヒト、モノ、カネ、技術）
※アウトプット＝生産量、売上高などの成果

式をそのまま解釈すれば、最小のインプットで最大のアウトプットを出せば生産性は最大になります。しかし、そこに2つの大きな誤解があります。

☑ 生産性を示す式

誤解その1 インプットをとにかく減らせばいい

コスト削減の名の下に、とにかくインプットを削減してしまう。限りなくゼロに近づけようとする。必要な設備投資をしない。教育をおこなわない。外注しない。外に出ない。情報を集めない。研究やメンバー同士の雑談など未来に向けての投資の時間をなくす。

アウトプットを出すには、インプットが必要です。ひたすら社内に篭っていて、通勤時間以外に外との接点がない人たちに「新商品のアイディアを出せ!」と叫んだところで、いいアイディアは期待できないでしょう。

- 講演会を聞きに行く
- 本や雑誌を読む
- 街を歩いてトレンドに触れる
- 専門家に講演してもらう

そのような情報のインプットが欠かせません。

また、メンバー同士の雑談も新たなアイディアや解決策を得るインプットになりえます。Ｇｏｏｇｌｅ社のＧｍａｉｌは、エンジニア同士の雑談から生まれたそうですよ。

誤解その2 インプットとアウトプットは必ず同時発生する

「新しいツールを導入した。でも、なかなか改善効果が実感できない……」

「それ、勉強して、いまの仕事の何の役に立つんですか？」

「業務フローをまとめている？　そんなことしても、残業減らないでしょ……」


人は〝即〟の効果を求める生き物。インプットをしたらすぐアウトプットが出ると思いがち。一方で、こんな経験もあるのではないでしょうか？


「本で学んだ課題の整理方法。最初はしっくりこなかったけれど、３ヶ月続けたら効果が実感できてきたぞ！」

「去年参加した勉強会で得た知識が、いま必要になった」

「３ヶ月前にまとめた業務フロー。おかげで、今度入ってきた新入社員の教育がスムーズにできて、育成コストが下がった！」

「5年前に経験した業務改善プロジェクト。うまくいかなかったけれど、あの時身につけた改善手法や観点がいまの仕事で役に立っている」

「そういえば、この手の問い合わせの対応方法、たしかチームのチャットにだれかが記録していたぞ。あった！　これを流用しよう」

「2年前に社外研修で知り合ったB社の課長、たしかＩｏＴの研究をしているって言っていたな。相談してみよう！」

インプットを得たその時は何の役にも立たなかった。でも、後になって思わぬタイミングで役立った。続けてみてメリットを感じられた。小学生のころ強制的にやらされたラジオ体操が、大人になった今、身体や頭の凝りをほぐすとてもいいストレッチ運動であると実感できるように、後にならないと効果を実感できないことは世の中たくさんあります。

インプットとアウトプットは、必ずしも同時発生しないのです。アウトプットが得られるのは、1年後かもしれないし、5年後、あるいは10年後かもしれない（ひょっとしたら、永遠に得られないかもしれない）。目先のアウトプットだけを追い求める、目先のコストを削るのはだれにでもできます。

「未来のアウトプットを見すえて投資する」

そこには組織の徳があり、マネージャーの度量があります。そのような組織に、思いある優秀な人が集まります。

不況など環境要因によりアウトプットが出にくい時期に、コストを削減する。インプットを削る。それは至極もっともかもしれません。だからといって、インプットをゼロにしたら組織は動きません。また、コスト削減ありきになってしまっては、社員は成長機会を得ることができません。組織も成長しません。成長できない組織に魅力ある人は集まりません。使えるときは、どんどんお金を使いましょう。インプットを得る時間も創出しましょう。分母ゼロの割り算が成り立たないことは、数学が私たちに教えてくれています。最大のインプットで、最大のアウトプットを出す――その発想こそ、働く人も組織も幸せにするのです。

会社のお金は使ってなんぼ！　ケチな組織で人は育たないし、優秀な人も集まらない

そもそも「企業はお金を使うことで成長する」といっても過言ではありません。節約術やライフハックをいくら身につけたところで、ビジネスチャンスをつかむことも変革もできません。また、スピード命のご時勢、お金で時間を買う発想がますます大事に。コスト削減ごっこにふりまわされて疲弊している場合ではありません。

なにより、部下は会社のお金の正しい使い方をいつまでたっても身につけられない。お金を払って外部のリソースを使う発想すらもてなくなります。すなわち、リソースマネジメントができない人たちに育ってしまいます。外のリソースを頼らないと、いい仕事もできません。新たなチャレンジもできません。部下も組織も成長しません。

いうまでもなく、世の中は複雑化の一途をたどっています。ＩｏＴ、ＡＩ、ロボティクス、ダイバーシティ経営……これらのテクノロジーやマネジメントトレンド、自社ですべてを賄うにも限界があります。能力もなければ、スピード感も劣る。自分たちの気合と根性でナントカしようと不器用にあたふたしているうちに、競合他社や新興スタートアップ

企業に水をあけられてしまいます。

外注する経験。フリーランスといっしょに仕事をする経験。コラボレーションが時代のテーマになりつつある昨今、会社のお金を正しく使って、外のリソースを使う経験は、早いうちからしておくにこしたことはありません。

コスト削減一辺倒は、別の不幸も生みます。

・上からのコスト削減圧力に屈し、取引先をタダで働かせようとする
・何でもかんでも相見積もりをとって競合させる
・一方的な価格交渉や値下げ要求をする
・複雑怪奇かつスピード感のない決裁

……ご存知のとおり、時代は少子高齢化です。取引先も人材不足で困っている。取引先も働き方改革をしなければならない。儲からない相手につきあう余裕はありません。いつまでたっても決めない相手を待つヒマはありません。受注保障のない案件につきあう義理はありません。

「当社は、コンペを仕かけてくる客先とはおつきあいしません」
「利益率の低いお客さんとの契約更新は、お断りしています」

最近、中小企業でもこのような毅然とした経営方針に転換する会社が増えてきました。そうしないと、優秀な人を確保できず、経営が成り立たないからです。価格をたたけばたたくほど、優良な取引先はあなたの会社から去っていくでしょう。それは、優良な自社ファンを失うことも意味します。

「コスト削減にモチベートされる人はいない」この事実と向き合おう

「コスト削減」「人件費削減」「出張費用削減」

これらの言葉にワクワクする人はどれだけいるでしょうか？　おそらく、経営者と目先の利益しか求めない残念な株主、加えて、購買部門くらい？　あ、もしかしたら購買部門も意気消沈しているかもしれませんね。「また高いコスト削減目標が課せられるのか」「それより売上を改善する努力してくれ」と。

コスト削減にモチベートされる人はいません。業務に必要な本も買ってもらえない。出張旅費をケチる。そんな組織に、社員は報いようと思うでしょうか？　コスト削減は組織が苦しいときを生き延びるための、一時しのぎの手段でしかありません。もちろん、「無駄遣いをせよ」と言っているのではありません。節約と削減は違います。

「所詮会社のお金なんだから、正しくバンバン使って、おもしろいことや新しいことにチャレンジしてみよう」

この発想が健全です。チャレンジする風土醸成になり、社員も組織も成長し、外にもお金が回って、自社ファンが増えます。経済も回ります（社外の自社ファンを創るのも、これからの時代のマネージャーの仕事！）。

「無駄づかいをしないのは大事だけど、そもそも会社はお金を使うことで大きくなるもの」

「スピードが大切なご時世、お金で時間を買う発想がますます大事に」

めんどくさい仕事を削減するための3つのアクション

一方で、人のモチベーションを上げる削減もあります。めんどくさい仕事や苦手な仕事の削減です。

・資料のための資料づくり
・煩雑な事務手続き
・空き会議室をひたすら探して、準備する仕事
・FAX送信や郵送作業
・本業に集中したいときの電話対応
・細かな事業所間の移動
・報告のためにわざわざ帰社する時間と手間
・ラッシュ時の通勤

日常の「あたりまえ」に潜むめんどくさい仕事や苦手な仕事。心の中で「ムダだ」「イヤだ」とモヤモヤ思っているだけで言えなかった慣習。働き方改革ブームに乗じて、カミングアウトして削減してしまいましょう。だれしも、めんどくさい仕事、苦手な仕事はやりたくないでしょう。だって、人間だもの。では、どうやってめんどくさい仕事を減らしましょうか？

①「減らすもの」「増やすもの」の景色合わせをしよう

4丁目で紹介した「やりたいことリスト」「苦手なことリスト」「好きなことリスト」「得意なことリスト」。このリストを元に、「減らすもの」と「増やすもの」をチームで議論してみてください。

10人中、6人が「めんどくさい」「やりたくない」と思っていたら、その仕事はやっぱり減らしたほうがいいかもしれません。やらされ感はモチベーションも生産性も下げますから。その分、本来価値を出すべき領域に力を入れたほうがいい。

「増やすもの」としては、次のようなものが挙げられます。

・このような話し合いをする時間
・やりたいことにチャレンジする時間
・好きなことや得意なことを伸ばすための学習機会
・外に出て情報収集する予算

何を増やすべきかは、組織によって異なります。とにかく、まずはチームで話し合ってみてください。それが、すべらない働き方改革の第一歩です。

②非効率な業務を定義する→測定する→ふりかえる→改善する→測定する→ふりかえる

「この仕事、効率悪いな」
「無駄が多いな」

そうなんとなく思ったら！　その業務を定義して、改善して、ふりかえってください。
たとえば、紙を伴う事務作業が多くて無駄だなとあなた（もしくは部下）が感じていたとします。それが無駄だと証明するには、客観的なデータが必要になります。

まずは、請求／支払業務に限定して実態を把握してみる（＝定義する）。

・月に何件発生して、どれくらいの時間がかかって、手戻りがどれくらい発生しているのか？
・紙をどの程度使用するのか？
・押印待ちのタイムロスが何日発生しているのか？

そのように測定項目を決め（＝定義する）、一定期間測定してみる（＝測定する）。

測定結果を見て、「無駄かどうか？」「改善すべきかどうか？」をチームで話しあう。すなわち、それを組織の問題とするかどうか、問題意識を合わせる（＝ふりかえる）。

改善すべきと判断したら、改善活動を検討して、期限を決めて実施する（＝改善する）（測定する）。

一定期間が経過した後、効果を検証する（＝ふりかえる）。

これにより、個人レベルでモヤモヤ思っていた問題を組織の問題に昇華させることができます。「めんどくさい」「ムダ」を言っていいんだという、安心感が生まれます。改善を走らせることができます。効果を検証できます。改善の手ごたえや成功体験を得ることができます。改善する習慣が身につきます。「改善するカルチャー」は、このようにして定着します。

③外注する

減らしたいけれど減らせないめんどくさい仕事、あるいは苦手な仕事。外注も視野に入れましょう。

たとえば、問い合わせ対応が多くて、本来業務に集中できない部署。ヘルプデスクのプロに問い合わせ対応を外注してみては？　相手は専門家ですから、モチベーション高く、楽しく、なによりスマートにこなしてくれるかもしれません。自分たちで無理せず、お金で解決できるものは解決してください。

「外（社外）のリソースを使ってもいいぞ」

部下が困っていたら、その選択肢を示してあげるのも上長の仕事。マジメな日本人、自分や自チームのリソースだけで無理してナントカしようとする傾向があります。

「あ、外を使ってもいいんですか？」

このひとことがあるだけで、部下の気持ちはラクになりますし、視座も高まります。リソースマネジメントの経験もできます。言ってもらえないと、なかなか「外に頼る」という選択肢の可能性にすら気づけないですよね。

また、外部の専門家を入れること自体、あなた自身と社員の教育にもなります。プロからその領域の最新のトレンドや知識を得る——それが会社のお金でできたら最高ですよね。あなたの部署やチームの魅力も高まります。外の専門家を積極的に入れるのは、ダイバーシティマネジメントの1つですよ。

しょせん会社のお金。賢く正しく使う！

行きすぎたコスト削減は、人のモチベーションを下げ、職場をギクシャクさせます。社内外問わず、ケチくさい組織についていこうと思う人はいません。すなわち、組織への愛着を失わせます。

コストセービングではなくコストマネジメントを。お金を使うところはきちんと使い、人も組織も健全に成長させましょう！　そのためのヒントを3つ。

①研究／チャレンジ／学習する時間を計画的に確保する

「時間に余裕があれば、新たなテーマを研究しよう」
「お金があれば新しいチャレンジができるのに」
「機会があれば、外部研修を受講したい」

こう呟くマネージャーがいますが、ずばり言います。時間に余裕なんて、いつまでたっても生まれません。お金は意志をもって確保するものです。「機会があれば」なんて呑気なことを言っていたら、いつまでたってもその機会は訪れません。意志がすべて。計画がすべて。

- **チームの業務時間のうち、一定の割合を研究の時間としてあらかじめ確保する（取り組む日や時間帯を決めておく）**
- **研究予算／チャレンジのための予算／学習のための予算（研修費・新聞図書費・講演**

費用など）を年間計画に織り込んでおく

このくらい徹底しましょう。

長野県伊那市に本社を置く伊那食品工業。従業員458名（2018年1月現在）の中小企業です。同社は「人材の1割を研究開発に」をテーマに掲げ、毎年予算を着実に確保して研究者を育て続けています。そして、48期連続増収増益を達成。地方の優良企業として注目されています。

とはいえ、会社の懐事情や文化によっては、いきなり研究や学習の予算を確保するのも、時間をとるのも難しいかもしれません。

- **繁忙期が終わったら／このプロジェクトが終わったら、来期は必ず研究の時間をとる**
- **予算が節約できたら、その分の○パーセントを使って、チームメンバーが受けたい研修を受けさせる（単に『コスト削減』と叫ぶよりもメンバーのモチベーションも上がります。節約した分、自分たちが得することにお金を使えるので）**

このような明確なWHEN条件やIF条件を設定して、メンバーにも伝えましょう。

いっそのこと、チームの業務計画表の目立つところに書き出して、週次のチームミーティングで毎回確認するくらいやってもいいかもしれません。そうすれば、「やっと繁忙期が終わりましたね。来週から研究に時間をとりましょう」といった感じで、チームのだれかが指摘しやすくなります。

②人件費は削減しない

「経費は節約せざるをえない。でも、人件費だけは削減しない」

この決めも、社員の求心力とモチベーションを高めます。

前述の伊那食品は、「人件費をコストとみなさない」経営方針を掲げています。創業以来リストラをしたこともなければ、給料も賞与も毎年上げていて一度も減らしたことがないといいます。

賃金上昇を抑えるために、部下の業績を正しく評価しない。
人件費を削減したいから、残業を認めない。
すぐに派遣社員や外注スタッフを切る。

能力がある外注スタッフの値上げを認めない（むしろ値下げ交渉をする）。

そうしたマネージャーの姿勢は、まわりから見ていて心地いいものではありません。

「この会社は人を大切にしない……」

社員、派遣社員、外注スタッフ、すべての人が、あなたや組織に不信感をもちます。

「人件費はコストではない」

その姿勢が人を惹きつけ、組織の永続的な成長のエンジンになります。

③職場環境の整備／向上にはお金をかける

オフィスの設備やＩＴ環境。職場環境は、働く人たちのモチベーションや生産性を左右します。

「切れかかった蛍光灯。いつまでたっても変えてくれない。やる気がなくなる」

「トイレがいつも満室。我慢しなければならず、落ち着いて仕事ができない」

「デザイナーなのに、モニタを2枚もちさせてくれない。生産性が下がる」

「PCのスペックが低すぎて、待ち時間がものすごい。残業削減とかいう前に、PCの性能をなんとかしてくれ」

「休憩スペースがない。息が詰まる」

「1人あたりの執務スペースが狭すぎる。隣の人とヒジがあたる」


いずれも、職場環境に不満をもつ人たちのリアルな声です。狭い部屋に押し込まれた人たちは〝作業者〟としかみなされていないと感じ、モチベーションを下げます。パフォーマンスも低下します。贅沢な環境を提供する必要はありません。少なくとも、そこで働く人が「自分がリスペクトされていない」と感じるような環境は改善してください。

マネージャーの問題地図

BUS

6丁目

気合・根性・目先主義

リソースマネジメント

オペレーションマネジメント

行先

あれもこれもで、てんやわんやな現場のマネジメント

「先祖代々、気合と根性！」

気合があればナントカなる　根性がすべて
後先なんて考えてはいけない　とにかく目の前の仕事を全力でこなす
とりあえず受注して　できるかどうかは後で考える
ほら　やっぱり火を吹いた！　大丈夫だいじょうぶ　想定内　我が社の強みは　土壇場の
ふんばりと底力　今回も　メンバーの気合と根性でなんとかするのみ！
徹夜をした汗は美しい　ともにがんばった仲間だからこそ　強い結束が生まれるのだ

はい、カット！　カットー！　昭和の青春スポ根ドラマはそこまで！

これを感動物語だと思っているのは、一部の経営者とあなただけかもしれません。部下はがんばっている裏で、転職サイトを漁っているかもしれません。

この大長編ドラマ。そろそろ、幕をおろさなければいけない時です。

気合・根性・目先主義。その歴史年表をひもといてみましょう。

☑「こちらが、長年かけて熟成された気合と根性の歴史でございます」

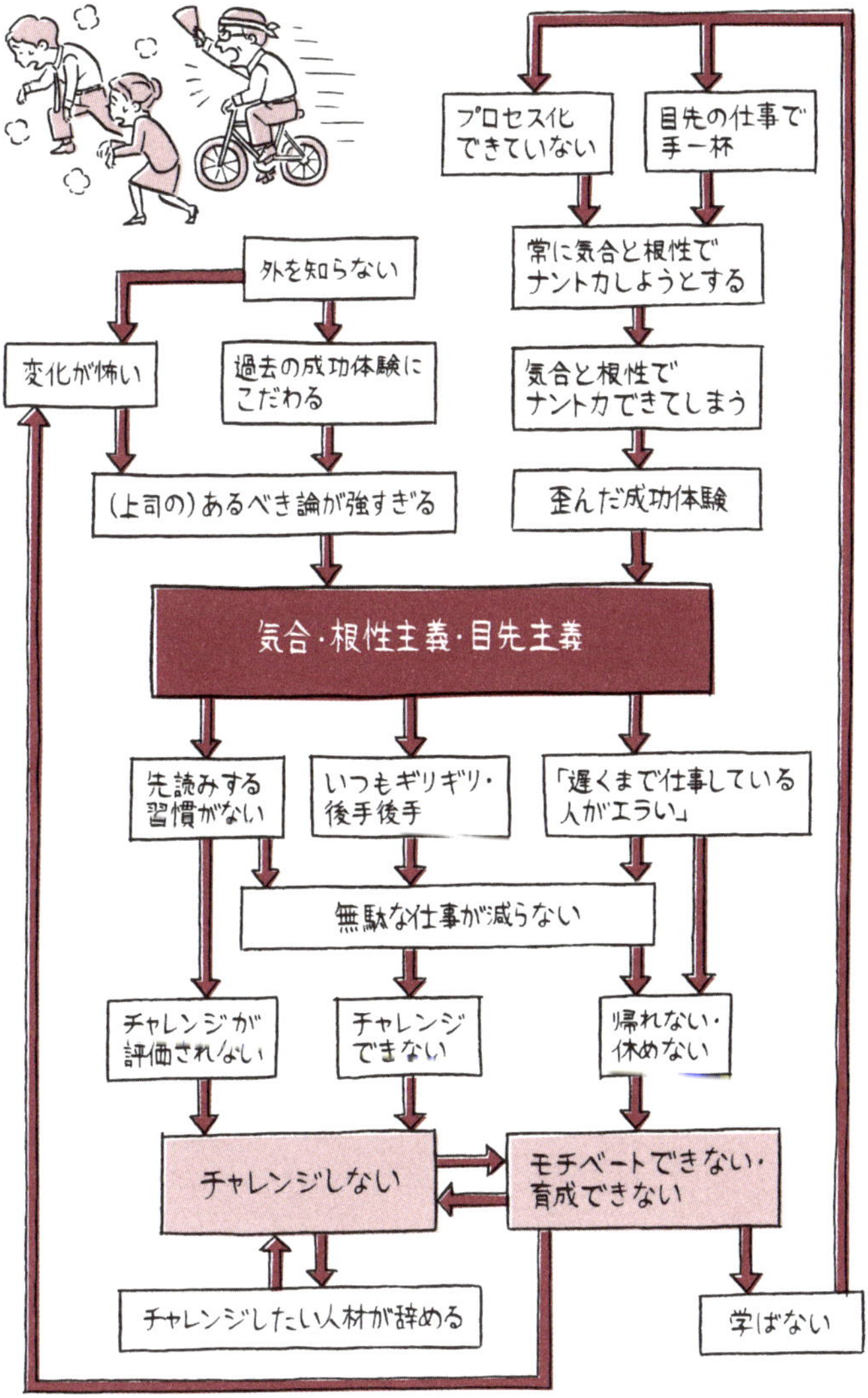

①外を知らない

「会社の常識、世間の非常識」

最近よく聞くセンテンス。世の中のトレンドを知らない。若手や転職者、社外の人の意見に耳を傾けない。外を知ろうとしないものだから、旧来の気合・根性・目先主義以外のやり方を知らない。あるいは、意図的に外に対する耳を塞いでいる可能性もあります。その背景には、次のいずれかが考えられます。

・変化が怖い
・過去の成功体験にこだわる

いまさら変わりたくない——それは、経営層やマネージャーに関わらず、ベテラン社員にたびたび見られる傾向です。新しいことにチャレンジしたくない。面倒くさい。そんなネガティブな感情が、保守的な態度や言動に姿を変えます。

過去の成功体験へのこだわり。
いままで、気合と根性でなんとかなってきた。
最近うまくいかないのは、社員の努力が足りないからだ。

そう結論づけ、気合を鼓舞する講話や、根性を鍛える研修を強化しようとします。結果、経営層や上司（あるいはベテラン社員）のあるべき論だけが今日も繰り広げられるのです。

②プロセス化できていない

そもそも、業務プロセスがない。仕事のやり方が人によってバラバラ。個人のスキルとメンタリティだけで回している。属人的、かつ刹那的に仕事しているものですから、当然メンバーは休めないし、早帰りもできない。事務作業や定例会議などのルーチン業務すら、いきあたりばったり。無駄だらけ。そこに突発案件やクレームなどの割り込み仕事が入ろうものなら、もう大変。気合と根性でなんとかするしかなくなります。

③目先の仕事で手一杯

入ってきた仕事をさばくので精一杯。

深夜残業、休日出勤もあたりまえ。断ることを知らない。

改善する時間を確保するのを惜しむ。

どんな理不尽な仕事も、気合と根性で乗り越えるのが美徳であり、自分たちの存在意義。

全力で戦おうとする。


たちの悪いことに、気合と根性でナントカできてしまう（労働基準法に遵法できているかはさておき）。それが、この手の組織の歪んだ成功体験になってしまう。新たな歴史が刻まれる！　こうして、気合・根性主義、目先主義が組織のカルチャーとして根付いてしまいます。困ったものだ。

気合&根性カルチャーがもたらす悲しき近未来

こんなことを繰り返していると、いつまでたっても仕事を先読みして計画する習慣が生まれません。

トラブルやクレームを未然に防げない。

受ける仕事、断る仕事を判断できない。

常に相手（上長やお客さんや他部署）が示す納期の言いなり。

過去に経験したような突発仕事も、毎回ゼロから考えて取り組む。

いつもギリギリのリソースとスケジュールで回すしかなくなる。

再発防止策？　そんなの考えるわけがありません。

とりあえず、今をナントカする。対策は後手後手……。

いつ何時、どんな案件が飛び込んでくるかわからない。トラブルやクレームが降ってくるかわからない。だから、ゲンバは万全の布陣を常に敷いておく必要がある。でもって……


「遅くまで仕事している人がエライ」


仕事があろうがなかろうが、いいんです。とにかくみんなが職場にそろっていることこそが大事。

根がマジメな日本人。職場にいたらいたで、それなりの存在理由を作ろうとします。そして、無駄な仕事を生み出す。あるいは、じつは効率化すれば10分で終わる仕事を、わざわざ手作業で、1時間かけてやる。残業してまで！

そんなことばかりしているものだから、新しいことに取り組むチャレンジも、改善の取り組みも生まれるわけがありません。そもそも、そんなことしたって評価されません。まともな人材育成もおこなわれない。なぜなら、そんなことをしているヒマがあったら、目先の無駄な仕事をしなければいけないから。学ばないから、いつまでたっても仕事をマネジメントできない。業務プロセスを作れない、目先の仕事にふりまわされっぱなし。はい、ふりだしに戻る！　そして、問題意識の高い人ほど、やる気のある人ほど愛想を尽かして辞めていってしまいます。

とにかく、マネージャーの仕事のたな卸を！

プレイングマネージャーという言葉があります。目先の仕事をこなしながら（プレイング）、マネジメントをする管理職のことをいいます。これが気合・根性主義、目先主義からの脱却を阻害する。

断言します。マネージングとプレイングを分離しないと、改善は進みません。学習する組織はいつまでたっても作れません。

とはいえ、人手は常に足りなくて、仕事の量も増える一方。マネージャーがプレイングを放棄してマネジメントに専念するなんて、絵に描いた餅。マネジメントに専念しなくても結構。兼任でも、マネージングとプレイングの分離をしてうまくいっている職場はあります。

では、どうすればいいか？

まずは、とにもかくにも、管理職としてすべき仕事を書き出してみてください（2丁目ふたたび）。プレイしながらでも、マネジメントする仕事を定義する。必ず時間をとって取り組む。

あるいは、マネジメント業務の一部を部下に任せる、外注する。マネジメント仕事は、必ずしもマネージャーのあなたが無理してやる必要はありません。「マネジメント不在」そのほうが問題です。

スキルマップを作って、見直す！

4丁目ふたたび。マネジメント業務を定義するとともに、そのチームに必要とされるスキルマップを描いて、定期的に見直してみてください。計画的な育成や、計画的な体験が可能になります。

「目先に現れた仕事を、ただなんとなく、毎度気合と根性で捌いているだけ」それでは、いつまでたっても人も組織も学習しません。計画的に担当者を決め、その仕事に取り組むうえでのスキルや知識を習得しながら、その仕事に向き合う――それにより、より効率よく仕事ができるようになります。なおかつ、一度経験した仕事を知識化できます。再現可能な形で仕事のやり方やプロセスを整理できれば、個人も組織も成長します。

本来業務／割り込み業務を分類して定量化する

「何が『本来業務』で、何が『割り込み業務』か?」

それがわからないまま、なんとなく仕事をしている組織が意外と目立ちます。飛び込んできた仕事は、すべて仕事。力の限り、すべてをこなそうとするものだから、仕事の分類ができない。気がついたら、割り込み業務だけにひたすら時間を費やし、本来すべき仕事が後回し。

手始めに、いまチームで持っている仕事をホワイトボードに書き出してみましょう。どれが「本来業務」で、どれが「割り込み業務」かを、1つ1つ分類してください。いかに割り込み業務が多いかに気づくことができます。

次に、それぞれにかかっている時間を測ってください。ストップウォッチで厳密に測定する必要はありません。「だいたい何時間かかったか?」その程度の荒さで結構。それにより、「本来業務にどれだけの時間をかけられているか?」「どれだけ割り込み業務に邪魔されているか?」が定量化されます。

「ウチって、こんなに割り込み仕事まみれなの?」

この気づきが、健全な問題意識を醸成する第一歩です。

え、わざわざ仕事を書き出して分類する時間すらもったいない、ですって? ならば、せめていま入ってきた仕事、それが「本来業務」か「割り込み業務」か分類するクセをつけてください。自信がなければ、フロアの目立つところに「その仕事、『本来業務』ですか? 『割り込み業務』ですか?」と大きく書いて掲げるもよし。あなたのパソコンのモニターの横に貼っておくでもよし。あるいは、「割り込み、1本入りました!」と声をあげるでもよし。「割り込み業務」の見方を持つだけで、現状に対する問題意識や生産性向上意識が芽生えやすくなります。1日をふりかえって、「やばい、今日は割り込み業務しかしていなかった……」と気づけるようになります。これが大事！

割り込み業務に時間を費やし、遅くまで残業する。集団心理で、みんな遅くまで残っていればいるほど、仕事した気になってしまう。

あなたの職場は大丈夫？

計画を立てるクセをつけよう

「計画は歩いてこない、だから自分で組むんだよ」

余力を持った計画を立てる。
仕事のたな卸しや改善のための時間を業務スケジュールに組み込む。

意識的にやらないと、いつまでたっても計画を立てられるようになりません。気合・根性主義で突っ走っている組織は、これが弱い。常に野生の勘だけでナントカしている。

まず、自分なりに業務スケジュールを引いてみましょう。Ｅｘｃｅｌでもかまいません。


何月に、なにをやるか？

何週目までに、なにをやるか？


そして、チームで見せ合って、「抜け漏れ」がないか、「余力」があるかを話し合って、よりいいものにしていく。何を書いたらいいかわからなければ、雛形を参照するのもいいですね。

あるいは、情報システム部門の人に聞いてみるのもいいかもしれません。「ＷＢＳ」「ガントチャート」など計画を立てるための考え方やツールを教えてくれることでしょう。こうした世の中にすでにあるノウハウ・テンプレートを活用するのも、計画を立てられるようになるための近道です。

外を知る

井の中の蛙になってしまっていては、世の中のトレンドや技術に気づくことができません。自分たちのやり方が古いのか、あるいはイケているのかすら判断できなくなります。

- **勉強会や講演会に参加する**
- **外部講師を招く**
- **外のコンサルタントを入れる**
- **本を読む**

外を知る機会を、年間の業務計画に組みこみましょう。若手に任せてもいいかもしれません。若手の育成とモチベーション向上につながります。ただし、業務扱い（評価対象）にし、会社がお金を出してあげてください。

これまでとは異なるバックグラウンドの人を入れる

同じ特技やバックグラウンドのメンバーだけで長年同じ仕事をしていると、「ムリ」「ムダ」「おかしい」に気づきにくくなります。新しい発想も生まれにくい。

- 転職者を入れる
- 外国籍の社員を採用する
- 女性を採用する
- 障がいのある人を採用する

これにより、いままでの「あたりまえ」が「あたりまえ」でないことに気づけるようになります。ただし、次の2つは必ずやってください。

- その人たちの意見を受け止める

・その人たちが働きやすい環境を整える

ただ採用して、いままでの常識になじませようとするようでは、いつまでたっても組織のカルチャーは変わりません。

・バックオフィス部門（本社の事務職など）にエンジニアを入れる

これも、改善を後押しすることがあります。エンジニアは事象を科学的に捉えることが得意です。仕事をプロセスに分解し、ムダをムダと指摘できます。これまでのしがらみをいったん括弧にくくり、技術でどう解決するか考え、実現することができます。たった1人のエンジニアのおかげで業務効率化が進んだバックオフィスを知っています。私は、官公庁や自治体で業務改善がなかなか進まないのは、エンジニアのバックグラウンドを持った人が少ない（いない）からだとさえ感じています。

ただし、これがうまくいくには次の存在が不可欠です。

①エンジニアの心や価値を理解できる上司

②エンジニア本人のその後のキャリアパスを考えられる上司

心あるマネージャーは、そのエンジニアが技術職に戻ったときのキャリアパスまでを真剣に考えています。また、

③エンジニアを孤立させない

この配慮も大事です。

- **エンジニアは1人ではなく、2人採用する（1人ぼっちにさせない）**
- **マネージャー自身も技術を勉強して理解を示す（ただし中途半端な口出しは無用）**
- **技術の勉強会の参加や資格取得を応援する（井の中の蛙にしない）**

そうした気遣いが、新参者のモチベーションと内発的な帰属意識を高めます。

メンバーの特性を分類してみる

あなたのチーム、メンバーの特性にばらつきはないでしょうか？

仕事の取り組み方で、人は次の2つのタイプに分類できます。

- **目先の仕事を脊髄反射のごとく即座に片づけるのが得意な「瞬発型」**
- **状況を整理し筋道立てて仕事を進めるのが得意な「地ならし型」**

また、得意な業務の種類も、次の2つに分けられるでしょう。

- **新しい業務やサービスを立ち上げる「クリエーション業務」**
- **事務処理や問い合わせ対応など日常的に発生する「オペレーション業務」**

あなたのチームのメンバーは、この4象限のどこが得意なのか？　分類してみてください。

☑ 業務と人の特性 4分類

	クリエーション業務	オペレーション業務
瞬発型	1  新しい業務やサービスをガガっと発想する・立ち上げるのが得意。でも続かない・すぐ挫折する	2  日常業務で発生するトラブルを、都度＆即座に潰すのが得意。ただし、再発防止の発想はない
地ならし型	3  新しい業務やサービスを道筋を作りながら着実に立ち上げる	4  日常業務をきちんと(再)設計して、安定して回すのが得意

気合・根性・目先主義の組織は、①ないし②の人材しかいないケースが目立ちます。それでは、なかなか学習や改善は進みません。意図的に③④の人材を入れる、あるいは③④の能力を育成しましょう。

改善の方向性を明確に示す

ただ単に「無駄をなくそう!」「気合・根性主義から脱却しよう!」と叫んだだけでは、改善のアイディアは現場からなかなか出てきません。どんなアイディアを出したらいいのか、どこまで「ムダ」と言ってしまっていいのかわからない。日々、目先の仕事で手いっぱいになっていればなおのこと。

きわめつけが、「働き方改革」。政府も経営者もこぞって騒いでいますが、なんだかふわっとしていて、何をすればいいのかわからない。「働き方改革」などと回りくどいこと言っているから、現場は思考停止するのです。政府や経営層からのやらされ感しかもたないのです。

ここは1つ、マネージャーが率先してビッグワードを噛み砕いてください。具体的に、そのチームでは何を目指せばいいのか、方向性を示してください。

「会議の数を半減する」
「電話の問い合わせをゼロにする」
「紙の事務作業を減らす」

このようなダイレクトな表現にしただけで、メンバーから具体的なアイディアが出てきて、業務効率化が進みます。

定義→測定→ふりかえり→改善→ふりかえりのサイクルを回す

「これがウチのチームの問題だ」

そう思ったら。定義して、測定して、改善して、ふりかえりをしてください。個人レベルのモヤモヤや愚痴レベルでもかまいません。まず1つ、このサイクルに載せて、ひと回ししてみましょう。あなたの組織において問題を正しく問題化し、改善する習慣を定着させる礎になります。
たとえばあなたが、「無駄な会議が多い」となんとなく思っていたとしましょう。思っているだけでは個人のモヤモヤであり、愚痴でしかありません。それを数値化しましょう。現状の会議の何を測定するかを決め、実際に測定してみます。

【測定項目の例】
・会議の数
・資料作成の時間
・会議室を探すのにかかった時間
・当日の準備時間
・会議の所要時間
・議事録を書くのにかかった時間
・資料の枚数
・結論が出た会議の数
・参加人数

あわせて、測定期間も決めます。仮に1ヶ月としましょう。測定結果は、手元のメモ書きに記す程度でもかまいません。

1ヵ月後、測定した結果をチームで共有し、ふりかえります。その時「これは問題だ。改善しよう！」となれば、改善を検討します。10人中6人が問題だと思えば、それはまちがいなく解決したほうがいい問題でしょう。これこそが、個人のモヤモヤを組織の問題として合意形成するプロセスです。

次に、改善策を検討し、実行する。ただし、やりっぱなしはご法度。期限を決めて、効果をふりかえりましょう。

これが習慣化すると、やがて現場が「無理」「無駄」「おかしい」を言えるようになり、改善が組織のカルチャーとして定着するようになります。提言を受け止めてくれる、受け皿が仕組みとしてできあがるからです。

世の中には、部下が数字や根拠のない問題提起をすると腹を立てるマネージャーもいます。それをやると、部下が「これ問題です」「改善したほうがいいと思います」などのアラートを上げにくくなるので要注意。定性的な話でも、いったん受け止めて「なるほど。じゃあ、まずは測定してみようか」と返してください。問題が健全に問題化できなくなるのは、大いに問題です！

過去の成功体験や、過去のあたりまえに固執する。
無駄まみれの長時間労働を正当化する。
それにより、部下やチームメンバーの勉強や成長の機会を奪う。

それは、これからの時代、マネージャーとして無責任です。かつてのように終身雇用が保障され、部下とその家族を一生守れるのであれば、その限りではないかもしれません。ところが、終身雇用は崩壊しつつあります。ならば、しっかり成長させてあげましょう。それが組織の徳であり、マネージャーの度量です。「健全な問題意識」「健全な成長欲求」のある部下やチームメンバーを、経営やマネージャーの気まぐれや保身でデモチベーションさせてはいけません！

マネージャーの問題地図

BUS

7丁目

チャレンジしない

コミュニケーションマネジメント　キャリアマネジメント　ブランドマネジメント

行先
あれもこれもで、てんやわんやな現場のマネジメント

社長は「チャレンジしろ！」と唱えた！
しかし、なにもおこらなかった！

社長や経営陣は「チャレンジ」「イノベーション」をしろと叫ぶ。しかしながら、社員はだれもチャレンジしようとしない。改善すら起こらない。

「チャレンジ」は、3丁目でお話しした「情報共有」「コミュニケーション」に並ぶ組織の思考停止ワードです。組織風土の問題といってしまえばそれまでですが、そこで立ち止まっていては、いつまでたってもチャレンジは起こらない。さあ、どこから手をつけましょうか？

こうしてチャレンジしない風土が醸成される

トップ踊れど、ゲンバ踊らず。そこにもまた、さまざまな要因が絡み合っています。

①チャレンジが評価されない

新しいことにチャレンジしたところで、業務改善をしたところで、まったく評価されな

☑ んなこと言っても、だれもチャレンジなんかしませんよ……

☑ チャレンジを阻害する面々

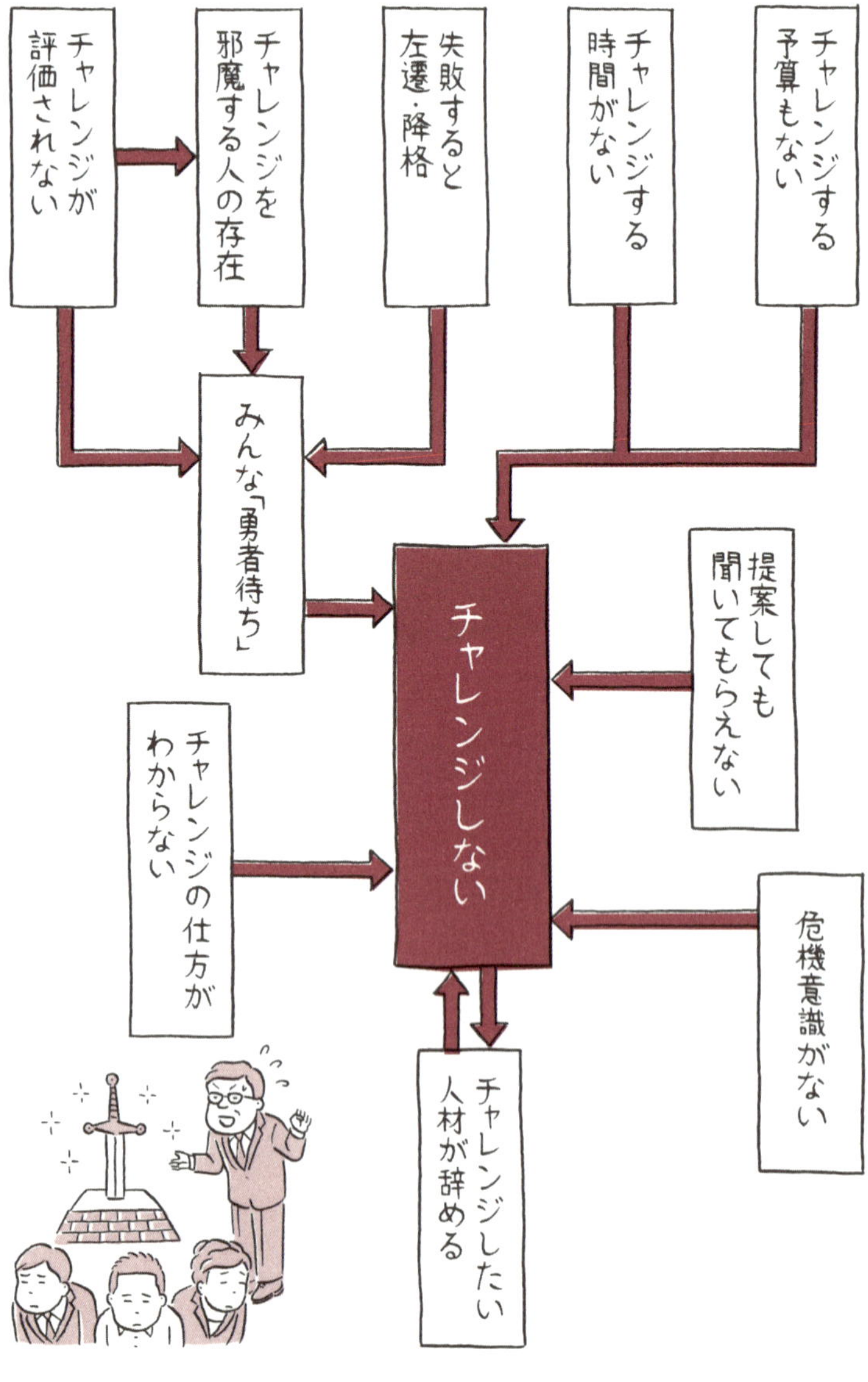

い。業績評価もされなければ、ほめられもしない。

あ、それでも思いをもってチャレンジする人は、正義感とボランティア精神でがんばるかもしれません。でも、あるときバカバカしくなって、がんばらなくなってしまう。あるいは、チャレンジした経験を武器に、他社に転職してしまうことも。

②チャレンジする時間がない／予算がない

経営陣は「チャレンジしろ」と叫ぶ。でも、チャレンジや改善検討の時間は業務時間と認めない。予算もつけない。「君たちの気合と根性でやってくれ」。すなわち、ゲンバは何も得しない。こんなに経営陣にとってだけ都合のいいことはないですね。

たとえ、チャレンジ精神のある若手がいても……

「いや、そんな余計なことはしなくていいから」

中間管理職がストップをかける。いっこうにチャレンジは進まない。チャレンジマインドのある若手も、モチベーションだだ下がり。

③提案しても聞いてもらえない

社長は「チャレンジしろ！」と唱えた！

社員が「チャレンジ提案」をした！

ミス！　課長が取りあってくれない！

部長はねむっている……

主任は逃げ出した！

チャレンジも改善も進まない組織あるある。これまたバカバカしくなって、ゲンバの社員は二度とチャレンジも改善提案もしなくなります。

そんな社員たちを見て、社長はこうため息をつくのです。

「うちの社員は大人しくてね。だれもチャレンジしないし、改善提案をしてこないのですよ」

④チャレンジの仕方がわからない

「よし、新しい仕事にチャレンジしてみよう」

部長も課長もやる気になった。社員の役割分担も決めた。とはいえ、どこから手をつけたらいいのか？　なにから始めたらいいのか、皆目見当もつかない。それもそのはず。

「当社、新しいことにチャレンジした経験のある人がいない！」

⑤危機意識がない

「別にいま困っていないですし」

「わざわざ新しいことを始めなくたって……」

磐石な国内企業や、地方のそこそこ安定している企業にありがち。営業しなくてもお客さんがつく。安定収入がある。採用にも困っていない。変えるモチベーションがない。その磐石な世界が永遠に続くといいですね。どうぞ、お幸せに……

⑥失敗すると左遷／降格

きわめつけがこれ。チャレンジして失敗すると、おめでとうございます！　もれなく左遷／降格という名の豪華商品をプレゼント！

昨年、ある金融機関からお声がけいただき、働き方改革を推進している管理職・担当者のみなさんと意見交換をしました（ほとんど、彼らの悩み相談でしたが）。彼らの、次の言葉が大変象徴的でした。

「チャレンジしたがる人がいないんです。そもそも、失敗が許されないカルチャーですから……」

たしかに多くの金融機関では、新入社員のキャリアは支店業務からスタートします。そこで「1円たりともまちがえてはいけない」メンタリティが醸成される。そのような星の下で育った人に、新たなチャレンジを求めてもなかなかうまくいかない。チャレンジに失敗はつきもの。ところが、失敗は許されない。チャレンジして、失敗して、地方の営業所や子会社に強制異動させられた先人たちを見ている。いわば〝見せしめ人事〟を目の当たりにしていれば、保身に走って当然。たとえチャレンジしたい部下がいても、上司から「頼むから大人しくしていてくれ」と諭されて試合終了。

こんな状態を放置しておくとどうなるか？　チャレンジしたい人材が辞めていきます。「ここにいてもチャレンジさせてもらえない、成長できない」健全な危機感がある人ほど、それがフラストレーションと焦りの気持ちを強め、そしてあるとき静かに去っていってしまいます。

なんていうか、「勇者待ち」「勇者頼み」なんです

このような環境で、それでもチャレンジする人、改善提案しようとする人。それはよっぽどの勇者です。そして、そんな奇特な勇者が現れるのを待っている、いわば「勇者待ち」の状態で思考停止している職場が残念ながら目立ちます。「チャレンジしろ！」とトップが叫べば、そのうち勇者が現れるだろう——でも、いつまでたっても勇者は現れない。たまたま現れたとしても、前述の①〜⑥のいずれかが足を引っ張って挫折。その歴史により、2人目の勇者が現れない今があるのです。

業務改善にしても然り。一部のボランティア精神豊富な社員や、たまたま居合わせた改善センスや改善スキルのある社員により属人的に回っている状態。いわば、改善が偶発性に依存している組織が少なくありません。

ただ勇者を待っているだけでは、あるいはたまたま現れた問題意識の高い人／スキルのあるボランティアスーパーマンに依存していては、チャレンジは起こりません。改善は長続きしません。マネジメントしましょう！

「チャレンジする大義名分、空気を作る」そのための4つのコツ

目先の仕事にただ追われていて新たなチャレンジも改善もしない組織に、思いある優秀な人材は集まりません。そして優秀な人材がいない組織に、優秀な人材は集まりません。

え、中間管理職レベルでは無理？「それは人事部の仕事だ」ですって？そんなこと言っているから、いつまでたっても職場の景色が変わらないのです。課長や課長代理がチャレンジする風土を作っている組織もたくさんあります。人事部は、部門単位、チーム単位の細かいところまでフォローしきれません。動きの遅いトップを待って、足ぶみして

いて損をするのは自分たち。マネージャーが中心になって、自組織にチャレンジする経験、ひいては「チャレンジしていいんだ」という空気を作りましょう。そのためのコツを4つ。

①とにかく、チャレンジする領域を確保する

人は目先の仕事に追われる生き物。だからこそ、あらかじめ時間なり、業務範囲なり、チャレンジ業務や改善に充てる領域を決めましょう。

- 「10%だけ、普段とは違ったことをやってみる」と決めて、実践する
- 週1〜2時間だけでも、チャレンジ活動をする日や時間を決めて、スケジュールを確保する
- チャレンジ活動／改善活動の予算枠をとる
- 担当者を決める（活動メンバー、事務局メンバーそれぞれ。いずれも仕事としてアサインする）

チャレンジする風土がなかった老舗大手企業（建設業）でも、これらを1年間続けてチャレンジする風土が定着した部署があります。その部署では、部員（含むマネージャー）

全員が必ず何かしらの業務改善プロジェクトに所属し、最低週3時間は必ず業務改善の検討と実施活動をするようにしました。全員が参加することで、「一部の意識高い人だけがやっているよくわからない活動」「勇者待ち」になりません。部門長と事務局への定期的な報告と共有の場も設定し、緊張感と達成感を損なわないようにしたといいます。このように、部門単位でもチャレンジマインドの醸成は十分可能です。

②安全に怪我できる場を作る

失敗が許されない組織風土。ならば、失敗していい安全な領域を作ってあげましょう。部門単位、課単位、チーム単位で実践可能です。

- **部内に閉じたコミュニケーションで、新しいチャットツールを使ってみる**
- **社内システムで新しい技術をチャレンジしてみる**
- **部内会議をペーパーレスで実施してみる**

小さな取り組みでもかまいません。範囲を決めて、「ここはチャレンジしてみよう」「失敗してもいいからやろうぜ！」と一歩踏み出す。当然、失敗した人の評価を下げない（むしろ上げる)。小さなコミュニティだからこそ、全社の政治や空気に左右されずに運用できます。そして、小さなチャレンジ体験が、やがて大きなチャレンジ風土へと変わっていくこともあるでしょう。まずは、チャレンジ体験を！

③外の風を入れる／外を頼る

チャレンジの仕方がわからない。
自分たちだけだとアイディアが出ない。
中の人たちだけだと甘えが出て、いつのまにかやらなくなる。

この機会に、ぜひ外の風を入れてください。

- 外の講演会を聴講してみる
- 外部の専門家を呼ぶ
- 本を購入して読む
- 業界他社／他業種との勉強会に参加する

社員の視野も広がり、組織の成長にもつながります。外の風を入れられるようにするためにも、予算を今のうちからしっかり確保しておきましょう。

④成果だけでなくプロセスも報告する

経営への報告、役員への報告。成果の報告だけで終わっていませんか？ ご存知のとおり、新たなチャレンジや風土改革はすぐには成果が出ないもの。また、風土のようなものは数値化しにくい特徴があります。

- **社員の変化【例】自発的に改善提案するようになった、会話が増えた**
- **「ためしに、新たな技術を取り入れはじめました」**
- **「まだ成果は出ていませんが、まずは1年続けてみようと思います」**

このようなプロセスも、率先して報告しましょう。成果しか報告しない組織は、成果しか気に留めないようになりがち。それが、目先の目に見える成果しか追わない組織文化を加速します。ますます、マネジメントが近視眼的に。

わざわざ経営や役員に報告するのが憚られる（嫌がられる）ようであれば、

- **社内報で取り組みを紹介してもらう**
- **イントラネットで共有する**

というのもいいでしょう。プロセスの見える化、見せる化。現場にしかできない、ミドルマネジメントの1つです。

「成功事例」よりも「先行事例」を

とりわけチャレンジ風土のない組織においては、成功事例よりも先行事例が大事。チャレンジに失敗はつきもの。よって、いきなり成功をゴールにしないほうがいいです。失敗体験が、その組織の「黒歴史」になり、二度とチャレンジしなくなりますから。

むしろ、先行事例を出す。何か新しいことをやってみる。まずはそこを目指しましょう。ポイントを3つほど。

①即効性を求めない

チャレンジや改善は、すぐ効果が出るとは限りません。ここでいう「効果」とは2つあります。

・数字に表れる効果
↓売上、利益、CS、認知向上、業界でのランキング、コスト削減額、採用コスト、社員の定着率など

・組織カルチャーに表れる効果
↓意見提案しやすい風土、チャレンジする風土など

いずれの効果も、すぐに出るとは限りません。とりわけ組織のカルチャーは、一朝一夕で変わるとは考えにくいでしょう。なぜなら、今のカルチャーも10年、20年、30年と時間をかけて形成されたものだからです。

即効性を求めない。まずはチャレンジをする。そこを最初の目標に据えてはいかがで

しょうか。

また、変化や効果をウォッチするためには、「定義する→測定する→ふりかえる→改善する→測定する→ふりかえる」のサイクルも有効（5丁目で出てきた原則ふたたび）。それにより、変化や問題点を客観的にとらえて前向きに議論することができます。

②評価指標、管理指標の設定を柔軟に

とはいえ、組織で取り組む以上、なにかしらの成果なり管理指標は求められるもの。たとえば、次のように、評価指標や管理指標は固定せずに柔軟に設定しましょう。

- **初年度はチャレンジ案件の件数、かけた時間、取り組んだ人数にフォーカス**
- **次年度は効果測定をおこない、初年度のチャレンジ案件のふりかえり／取捨選択（続ける／続けない）など活動の質の向上にフォーカス**

これを、たとえば3年間毎年固定で「チャレンジ案件の件数」だけをKPIにすると、毎年「やりやすい」「無難な」案件だけがエントリーされる、形骸化した状況を作りかねません。組織の成長やチャレンジマインドの成熟度合いに応じた指標を、毎年（あるいは

期ごとに）可変で設定しましょう。

③広報を巻き込む

チャレンジをよしとする空気感を作るために、チャレンジしやすい組織風土を作るために、ぜひ広報部門を巻き込んでください。チャレンジするカルチャーが生まれてきている組織は、広報部門がうまく立ち回っています。

- **社内のいい取り組みを、社内報で記事にしてもらう**
- **全社集会で、チャレンジしているプロジェクトを紹介／評価してもらう**

そのような社内広報活動により、「チャレンジはいいことである」という認識が社内に広がります。全社の広報部門の巻き込みが難しい場合は、部門単位で、部内報や部門イントラネットのＷｅｂサイトで広報するのもいいでしょう。

できれば、最低限、次の４つの活動を広報してください。

- **チャレンジを始めようとする時点（社長メッセージ。取り組みに対する部門長の決意**

表明など）
・チャレンジが始まった時点（具体的なチャレンジ案件とメンバーの紹介）
・活動の途中経過や進捗（活動の見える化。〃一部の人だけがやっているよくわからない活動〃にしない。全社員への理解と協力を促す）
・チャレンジが終了した時点（成果と学びの共有）

社長や役員の激励のコメントを添えるとなおよし。チャレンジを後押しする、なによりのメッセージになります（社長や役員に後押しのメッセージを述べてもらう根回しも大事です）。

社内報や全社イベントで光を当てる。それは、会社としてその取り組みや人に太鼓判を押す行為にほかなりません。すなわち、チャレンジする人をよしとする公式の承認であり、評価なのです。

「この会社、ほんとうにチャレンジできるんだ！」

その気持ちが、新たにチャレンジする社員を生みやすくします。抵抗勢力も大人しくならざるをえません。
（社内）広報活動とは、社内の世論形成です。「チャレンジはいいこと」その社内世論をうまく形成していきたいですね。

チャレンジや改善は、最高の人材育成活動なり

断言します。チャレンジ活動、改善活動は、何よりの人材育成活動です。人事部が企画する、新入社員研修なり、コミュニケーション研修なり、ロジカルシンキング研修なり、問題解決能力向上研修なり、ファシリテーション研修なり、マネージャー研修なりは、現場でスグに役に立たないこともあります。これらの研修の特徴は「スタンドアロン型」。現場の業務と完全に切り離され、仮想空間で理論の学習やシミュレーションをおこなう場合が多い。もちろん、理論の学習や仮想体験も大事ですが、ともすれば「これ何の役に立つんですか？」と腹落ちできなかったり、単なる頭の体操で終わって翌日からの業務に活かせないことも。

チャレンジや業務改善。いずれも現場に密着したリアルな体験活動です。

・チャレンジするための時間を作る
・プロジェクトマネジメントする
・新たな知識や技術を習得する
・足りないリソースを補う
・抵抗勢力と向き合う
・トライ＆エラーしてみる
・ふりかえりをする
・（成功／失敗にかかわらず）学んだことを知識化する

これらは「スタンドアロン型」の研修では得られない、現場でおこなう、現場にそのまま生きる人材育成であるといえます。

チャレンジ活動を進める中で「ファシリテーション能力が足りない！」と気づいたなら。その時は、ぜひ研修を受けましょう。必要性を感じていない状態で受けさせられる研修と、自ら必要性に気づいて受ける研修とでは、受講の本気度も効果も違います。

その際、成功／失敗は気にしなくてもいいです。「チャレンジ活動や改善活動を通じて何を学んだか？」が大事。次に成功するための学びが得られれば儲けもの。チャレンジや改善を通じて得られるスキル／知識／経験は、人と組織をまちがいなく成長させます。

「どうしても、チャレンジや改善をする時間がない！」そういう組織は、人材育成活動の一環で（人材育成の時間や予算枠で）チャレンジや改善活動をしてみてはいかがでしょうか？

チャレンジする組織作り。トップだけが騒いでいても変わらないですし、チャレンジ精神が旺盛な一部の社員に依存してどうにかなるものではありません。中間管理職の行動がカギです。


「チャレンジしていいんだ！」

「チャレンジできるんだ！」


そんな言葉が聞こえるようになるためには、まずどうしたらいいか？　あなたの職場単位で考えて実践してください。

チャレンジする人に、チャレンジする人が集まります。それが、チャレンジする組織風土を醸成します。

おわりに

能力と余力と協力を作る――それがマネージャーの仕事

「当社の新規受注は増えており、業績は順調に推移しています。社員のみなさんは安心して日々の業務にあたってください」

ある企業の社員イベントにて。社長が自信満々の笑みを浮かべながら明るい未来を語ります。一方、聴講者席のマネージャーは苦笑い。そのうちの1人が、タイミングを見計らって私に耳うちしました。

「ウチの部署、先月、先々月と立て続けに3人も社員が辞めたんです……」

なんとも切ないゲンバのリアル。他人事ではありません。景気は上向いて来ている。しかし業務量が増え、残業が増え、休日出勤が増え……ストレスが原因で、プライベートな時間が取れなくて、あるいは勉強の時間が取れなくて人が辞めてしまう。人が減れば、それだけ少ない人数で案件をこなさなければならない。当然、1人あたりの負担は増える。そして、また人が辞める。この負の連鎖、日本中のさまざまな業種や職種で起こりつつあります。最近では、人手不足で黒字倒産する中小企業もめずらしくありません。健全な問題意識や、成長欲求がある社員ほど、変わらない現実と未来に落胆して去っていってしまう。

「だったら、今までとは違う人材を採用すればいい！」

政府や経営者はそう考え、ダイバーシティの名の下に、性別・国籍・年齢、さまざまなバックグラウンドの人材を集めようとする。でも、マネジメントは今までどおり。多様な人材に、旧来の昭和な企業の常識、組織の常識を押し付けようとする。働き方の選択肢は多様化しないまま。そして、みんな活躍できずに辞めていく。この虚しい〝ダイバーシティごっこ〟いつまで続けるのでしょうか？

今、日本はマネジメントの定義をアップデートしないといけない過渡期に来ています。

もはや、旧来の気合・根性論だけでは乗り切れない。それほど、時代は複雑化しています。さりとて、「マネージャーがすべてのマネジメントを一手に引き受けろ！」というのも、これまた無理がある。それこそ、気合・根性論の延長でしかない。

「マネージャーなんだから、予算も達成して、残業も削減して、メンバーのモチベーションも上げて当然。多様な人材も活躍させろ」

そんな無茶な要求に、しかめ面で頭を抱えるマネージャーを、私はこれまで何人も見てきました。マネージャー層のメンタルヘルスも心配です。そんなミドルマネジメントのどんより景色を変えたくて、マネージャーのため息を減らしたくて、今回私は筆を執りました。「いまの時代に求められるマネジメントとは何か?」その要件をアップデートしつつ、マネージャーが「1人で悩まない」ための事例や提案を織り交ぜたつもりです。

「1人で悩まない」

「1人でナントカしようとしない」

それこそ、いまのマネジメントに必要なことではないでしょうか。複雑化する社会の課題やトップマネジメントからの要求、1人で対応するにはスキル面でもリソース面でも限界があります。増える仕事の優先度づけ。ラクにするための課題バラシや業務改善。時に「捨てる判断」も。業務量が増えれば増えるほど、忙しくて手が回らない。あるいは、当事者では判断できない。ならば、チームプレーでクリアすればいいのです。社外の専門家の力を借りればいいのです。あなた1人で悩む必要はありません。そのためのチームであり、社会です。

本書を読み終わった後、ぜひ、まわりの人といっしょに問題地図を広げて話し合ってみてください。チームメンバーと、上司と、あるいは同じ悩みを抱えるマネージャー同士でもいい。問題地図シリーズは、世の中の課題にチームで向き合うためのコミュニケーションツールです。あなた1人で抱えずに、地図で示したマネジメントをどう分担して回していくか議論していただきたい。それがあなたのチームの、部署の、会社の、やがて会社を超えて業界や職種の結束強化と価値向上をもたらすと信じています。

このチームで働くこと、この部署で働くこと、この会社や業界で働くとはどういうことか？
そこで正しくがんばると、どんな近未来が待っているのか？

マネージャーが率先して背中を見せてください。背中の見えない組織に、優秀な人も協力者も現れません。

最後に、私の尊敬するクライアント（ある企業のマネージャー）がよくおっしゃるメッセージをお伝えして、筆を置きます。

「マネージャーの仕事は、チームに能力と余力と協力を作ること」

２０１８年初夏　梅雨の晴れ間　原野谷（はらのや）ダムを眺めながら

沢渡あまね

沢渡《さわたり》あまね

1975年生まれ。あまねキャリア工房 代表。業務改善・オフィスコミュニケーション改善士。日産自動車、NTT データ、大手製薬会社などを経て、2014年秋より現業。企業の業務プロセスやインターナルコミュニケーション改善の講演・コンサルティング・執筆活動などを行っている。NTT データでは、IT サービスマネージャーとして社内外のサービスデスクやヘルプデスクの立ち上げ・運用・改善やビジネスプロセスアウトソーシングも手がける。
現在は複数の企業で「働き方見直しプロジェクト」「社内コミュニケーション活性化プロジェクト」「業務改善プロジェクト」のファシリテーター・アドバイザーなどを行う。
著書に『職場の問題地図』『仕事の問題地図』『働き方の問題地図』『システムの問題地図』『職場の問題かるた』（技術評論社）、『チームの生産性をあげる。』（ダイヤモンド社）、『新人ガールITIL 使って業務プロセス改善します！』（C&R 研究所）などがある。趣味はダムめぐり。
【ホームページ】http://amane-career.com/
【Twitter】@amane_sawatari
【Facebook】https://www.facebook.com/amane.sawatari
【メール】info@amane-career.com

装　丁	石間 淳
カバー・本文イラスト	白井 匠（白井図画室）
本文デザイン・DTP	小林麻実 、清水真理子（TYPEFACE）
編　集	傳 智之

累計
17万部

『職場の問題地図』はじめ問題地図シリーズから生まれた働き方改革の最終兵器！

人気声優・戸松遥さんによる読み上げ音声もダウンロード可能

職場の問題かるた～
"言える化"してモヤモヤ解決！

沢渡あまね 作、白井匠 イラスト

四六判／144ページ
定価（本体2,480円+税）
ISBN 978-4-7741-9193-5

みんなが思っている、けれどなかなか口に出せない職場の問題を
「あ」から「ん」までのかるたに整理。
「本音を言いづらい……」という空気も、ゲーム感覚で"言える化"すれば、
解決策がどんどん導き出せるようになります。

別冊子では、問題の解決策もギュッと凝縮しました。
部署に1個、グループに1個用意すれば、チームの生産性が劇的に改善！

お問い合わせについて
本書に関するご質問は、FAX、書面、下記のWebサイトの質問用フォームでお願いいたします。電話での直接のお問い合わせにはお答えできません。あらかじめご了承ください。ご質問の際には以下を明記してください。
・書籍名　・該当ページ　・返信先（メールアドレス）

ご質問の際に記載いただいた個人情報は質問の返答以外の目的には使用いたしません。お送りいただいたご質問には、できる限り迅速にお答えするよう努力しておりますが、お時間をいただくこともございます。なお、ご質問は本書に記載されている内容に関するもののみとさせていただきます。

問い合わせ先
〒162-0846　東京都新宿区市谷左内町21-13
株式会社技術評論社　書籍編集部「マネージャーの問題地図」係
FAX：03-3513-6183　Web：https://gihyo.jp/book/2018/978-4-7741-9874-3

マネージャーの問題地図《もんだいちず》

～「で、どこから変《か》える?」あれもこれもで、てんやわんやな現場《げんば》のマネジメント

2018年8月21日　初版　第1刷発行

著　者　　沢渡あまね
発行者　　片岡巌
発行所　　株式会社技術評論社
　　　　　東京都新宿区市谷左内町21-13
　　　　　電話　03-3513-6150（販売促進部）　03-3513-6166（書籍編集部）
印刷・製本　株式会社加藤文明社

定価はカバーに表示してあります。

ISBN978-4-7741-9874-3　C0036
Printed in Japan